O PACTO DA
BRANQUITUDE

CIDA BENTO

O PACTO DA BRANQUITUDE

COMPANHIA DAS LETRAS

Copyright © 2022 by Maria Aparecida Silva Bento

Grafia atualizada segundo o Acordo Ortográfico da Língua Portuguesa de 1990, que entrou em vigor no Brasil em 2009.

Capa e projeto gráfico
Alceu Chiesorin Nunes

Preparação
Gabriele Fernandes

Revisão
Tatiana Custódio
Jaqueline Martinho dos Santos
Adriana Moreira Pedro

Dados Internacionais de Catalogação na Publicação (CIP)
(Câmara Brasileira do Livro, SP, Brasil)

Bento, Cida
O pacto da branquitude / Cida Bento. — 1ª ed. — São Paulo : Companhia das Letras, 2022.

ISBN 978-65-5921-232-3

1. Ação afirmativa 2. Discriminação no trabalho 3. Identidade étnica 4. Preconceito 5. Racismo 6. Recursos humanos – Administração 7. Sociologia I. Título.

22-98133   CDD-305.896081

Índice para catálogo sistemático:
1. Racismo : Mercado de trabalho : Sociologia 305.896081

Maria Alice Ferreira – Bibliotecária – CRB-8/7964

12ª reimpressão

Todos os direitos desta edição reservados à
EDITORA SCHWARCZ S.A.
Rua Bandeira Paulista, 702, cj. 32
04532-002 — São Paulo — SP
Telefone: (11) 3707-3500
www.companhiadasletras.com.br
www.blogdacompanhia.com.br
facebook.com/companhiadasletras
instagram.com/companhiadasletras
twitter.com/cialetras

SUMÁRIO

Introdução.. 7

1. PACTO NARCÍSICO 17

2. BRANQUITUDE E COLONIZAÇÃO EUROPEIA 27

3. CAPITALISMO RACIAL 37

4. PERSONALIDADE AUTORITÁRIA, MASCULINIDADE
   BRANCA E NACIONALISMO 43

5. O CAMPO DE ESTUDOS SOBRE BRANQUITUDE 55

6. RACISMO INSTITUCIONAL 69

7. O CASO DAS MULHERES 79

8. ENFRENTANDO OS DESAFIOS: CEERT 89

9. PROJETOS DE TRANSFORMAÇÃO 103

10. O MOMENTO PRESENTE 117

EPÍLOGO:
EXERCITANDO A MUDANÇA — VIDAS NEGRAS
IMPORTAM 123

Notas 131
Agradecimentos 145
Sobre a autora 147

INTRODUÇÃO

> *Brasil, meu nego,/ deixa eu te contar/ a história que a história não conta,/ o avesso do mesmo lugar* [...] *Desde 1500/ tem mais invasão do que descobrimento,/ tem sangue retinto pisado/ atrás do herói emoldurado*
> Deivid Domênico, Tomaz Miranda, Mama, Marcio Bola, Ronie Oliveira e Danilo Firmino[1]

Certa vez, quando meu filho Daniel Teixeira tinha dez anos, chegou em casa muito irritado, dizendo que não voltaria à escola, pois não queria participar das aulas de história sobre escravidão. O responsável por aquele comportamento era um colega de sala branco, que, enquanto voltava para casa com Daniel, apontou para alguns garotos negros limpando para-brisas no semáforo, em troca de algumas moedas, e disse de maneira debochada: "Aqueles meninos também são descendentes de escravos! É uma vergonha, né?".

Ao ouvir esse relato, fiquei em silêncio, matutando. Naquele dia, dormi atormentada. Mesmo depois de uma aula de história em que o tema era escravidão, o menino dizia que era uma vergonha ser descendente de africanos escravizados. Mesmo depois de ouvir sobre as violências e os abusos incessantes sofridos pelos negros, de ver retratos de navios negreiros abarrotados de seres humanos em condições brutais, com o corpo marcado a ferro, de ler que o trabalho que exerciam ao chegar ao Brasil era forçado, o garoto branco disse que ser negro era motivo de vergonha.

Daniel não poderia acreditar naquilo. Por isso, no dia seguinte decidimos fazer uma lista, incluindo os feitos tanto dos escravocratas quanto dos escravizados pelo nosso país. O lado dos escravocratas incluía expropriação de trabalho, violência física e psicológica, estupros, invasões, exploração de recursos naturais e tantas outras barbaridades. Já do lado dos escravizados era curto: vieram à força a um país desconhecido para trabalhar, sem remuneração, produzindo riquezas para o colonizador em troca da própria vida. Não havia por que se envergonhar por ter antepassados escravizados, ao contrário, apenas ter orgulho do que construíram, apesar das adversidades.

Daniel ficou mais tranquilo, mas eu não. O colega de sala do meu filho não conseguia perceber que, enquanto branco e com comentários daquele tipo, ele perpetuava um estigma muito antigo, que desde cedo cria diferenças e hierarquias nas narrativas sobre negros e brancos.[2] O menino não via que eram pessoas do grupo racial a que ele pertence — branco — que haviam protagonizado a escravidão dos negros. E isso, sim, poderia ser motivo de vergonha.

Nessa mesma época, eu trabalhava como psicóloga organizacional. Meu cargo me permitia ver como esse imaginário sobre brancos, expurgado, "lavado" de suas dimensões negativas, por exemplo, do seu lugar de descendência e herança escravocrata, impactava a área de recursos humanos. Não era preciso ter uma lupa para perceber que o perfil de candidatos considerados adequados para as posições mais elevadas na hierarquia das instituições ou cuja imagem representava a organização era sempre de pessoas brancas.

Embora a população negra seja majoritária entre os pobres e desempregados no Brasil, não há como negar o contingente populacional branco que compõe o imenso grupo das pessoas sem emprego no país, além de brancos fazerem parte da população que mora nas favelas. No entanto, é fundamental observar também que nos altos postos de empresas, universidades, do poder público, enfim, em todas as esferas sociais, temos, ao que parece, uma cota não explicitada de 100% para brancos. Esses lugares de alta liderança são quase que exclusivamente masculinos e brancos.*

Quando trabalhava como recrutadora de pessoal, vivenciei diferentes situações em que essa preferência por brancos ficava evidente. Por exemplo: no processo seletivo para a vaga de secretária num banco, enviei duas mulheres negras para a entrevista inicial com a chefia e recebi uma bronca, por telefone, do contratante. "Não te disseram que neste banco não se contratam negras como secretária?", perguntou ele, que não sabia que falava com uma pessoa negra. Não, ninguém me havia dito.

Com o tempo entendi: secretárias são o "cartão de visita" da empresa, a primeira pessoa que um cliente vê ao chegar. O banco não queria que seus clien-

---

* Por exemplo, segundo a *Pesquisa sobre negros e negras no Poder Judiciário*, realizada pelo Conselho Nacional de Justiça (CNJ) e publicada no ano de 2021, 85,9% dos(as) magistrados(as) do Poder Judiciário são brancos(as), 12,8% são negros(as), 1,2% são amarelos(as) e 0,1%, indígenas. Conselho Nacional de Justiça, *Pesquisa sobre negros e negras no Poder Judiciário*. Brasília: CNJ, 2021, p. 57. Disponível em: <https://www.cnj.jus.br/wp-content/uploads/2021/09/rela-negros-negras-no-poder-judiciario-150921.pdf>. Acesso em: 28 jan. 2022.

tes fossem recepcionados e acolhidos por mulheres negras, mas sim por brancas. Fui recrutadora, chefe de seleção e executiva de RH, algo raríssimo para uma mulher negra naquela época, construí uma carreira como especialista em processo de seleção e vi cenas como essa se repetirem incontáveis vezes.

Eu mesma vivenciei repetidamente o fenômeno de recusa recorrente na busca de emprego, o que me causava dor, dúvidas quanto a minha própria competência e insegurança quanto ao futuro profissional.

Em casa, meus pais queriam que tivéssemos uma vida diferente da deles. Meu pai, João, foi motorista a vida inteira; minha mãe, Ruth, trabalhou por anos como servente num posto de saúde. Meus irmãos e eu — somos em oito filhos — nascemos e crescemos na Zona Norte de São Paulo, uma das regiões mais negras da cidade. Não tínhamos, na família, referência de profissionais que ocupassem cargos de comando em grandes organizações e, igualmente, estrutura para responder às exigências de espaços onde só a elite sempre esteve.

Eu fui a primeira pessoa da minha família a concluir o ensino superior, a fazer mestrado e depois doutorado. Minha irmã Bernadete, assim como eu, fez psicologia. Meu irmão Henrique fez ciências contábeis, e a maioria dos outros concentrou seus estudos nas áreas financeira e contábil. Desse modo, Bernadete e eu ajudávamos uma à outra quanto a questões de trabalho, assim como meus irmãos compartilhavam entre si suas experiências. O esforço para superar as barreiras se dava entre nós, como observamos em tantas outras famílias periféricas e pobres.

Mesmo assim, nunca vou me esquecer de quando, em dada situação, meu irmão, ainda adolescente, chegou do trabalho e disse para o meu pai que estava cansado demais para ir à escola, porque tinha passado o dia limpando os banheiros da empresa em que trabalhava. Irritado, meu pai retrucou que ele não pisaria mais naquela empresa. "Você foi contratado como office boy, não para fazer isso. Sua mãe e eu já trabalhamos muito para que nossos filhos não tenham que limpar banheiros", disse ele. Mas quebrar a lógica da história das relações entre brancos e negros no país é algo complexo.

Ao mesmo tempo, a escola não era um dos ambientes mais acolhedores para crianças negras como nós. Por anos, me senti invisível na sala de aula, como se não fizesse parte daquele lugar. Para além de qualquer questão com os colegas, como foi o caso de meu filho Daniel, meus professores foram os principais responsáveis por essa minha sensação de não pertencimento. E embora não se falasse muito de racismo e discriminação em minha casa, a consciência racial se manifestava, por exemplo, quando minha mãe insistia para que meus irmãos nunca saíssem para a rua sem documentos.

Desde cedo vi o tratamento diferenciado que pessoas em cargos de destaque davam a seus semelhantes. Na escola, quantas vezes percebia os professores enaltecerem o esforço de minhas colegas brancas — como eles — de forma afetuosa, enquanto eu ficava sempre às margens, por estar afastada do modelo que eles valorizavam. Minha presença só se fazia notar como exemplo negativo.

Quando terminei a escola, pensei que finalmente me veria livre desse tipo de comportamento, mas, óbvio, isso não aconteceu. O ambiente corporativo me mostrou que o mesmo ocorre nos mais diferentes tipos de organização. Decidi cursar o magistério. Desejava ser professora, uma diferente das que tive. Por cinco anos, trabalhei em uma escola de emergência, mas percebi que, para tentar entender o que me inquietava, precisaria mudar de área. Foi quando decidi fazer psicologia e trabalhar com dimensões mais coletivas dessa ciência, ou seja, com foco social e organizacional.

E tem sido possível viver muitas experiências marcantes a partir dessa profissão. Recentemente, conduzindo um processo de discussão sobre as diversas formas de discriminação que ocorriam em uma organização privada, uma executiva branca fez o seguinte comentário: "Não entendo por que uma organização como a nossa, que se tornou líder em seu ramo sem a presença de negros, tem agora que tratar de racismo em seu ambiente de trabalho".

Fiquei paralisada. Na sala com dezenas de outras lideranças da organização só se ouvia o silêncio. Nunca havia presenciado uma explicitação tão forte e transparente de supremacia branca em ambiente de trabalho.

Quando me recuperei, respondi que provavelmente as métricas da organização não comportavam a perspectiva racial, já que uma empresa como aquela, pulverizada em todos os municípios brasileiros, jamais teria se constituído ao longo de quarenta anos sem a participação da população negra em diferentes níveis. Foi o que consegui falar naquele momento.

Eu poderia seguir elencando dezenas de experiências como essas. A grande questão para mim sempre foi o não reconhecimento da herança escravocrata nas instituições e na história do país, tema a que passei a me dedicar como pesquisadora. Não temos um problema negro no Brasil, temos um problema nas relações entre negros e brancos. É a supremacia branca incrustada na branquitude, uma relação de dominação de um grupo sobre outro, como tantas que observamos cotidianamente ao nosso redor, na política, na cultura, na economia e que assegura privilégios para um dos grupos e relega péssimas condições de trabalho, de vida, ou até a morte, para o outro.

Acredito que é preciso reconhecer e debater essas e outras relações de dominação para criar condições de avanço para outro tipo de sociedade e outros pactos civilizatórios. Relações de dominação de gênero, raça, classe, origem, entre outras guardam muita similaridade na forma como são construídas e perpetuadas através de pactos, quase sempre não explicitados. Nesse sentido, concentrei minha atenção na branquitude e nos pactos narcísicos que a mantêm.

Ou seja, trata-se de compreender a perspectiva que emerge quando deslocamos o olhar que está sobre os "outros" racializados, os considerados "grupos étnicos" ou os "movimentos identitários" para o centro, onde foi colocado o branco, o "universal", e a partir de onde se construiu a noção de "raça". Esse foi o esforço ao qual me dediquei nos últimos trinta anos e que procuro apresentar neste livro.

1. PACTO NARCÍSICO

Minha experiência de trabalho com instituições tão diferentes como empresas, organizações governamentais, organizações da sociedade civil, sindicatos de trabalhadores, federação de empregadores, organizações partidárias de centro, esquerda e direita demonstrou como todas guardam similaridades na estrutura e no modus operandi quando o assunto são relações de raça e gênero.

As organizações constroem narrativas sobre si próprias sem considerar a pluralidade da população com a qual se relacionam, que utiliza seus serviços e que consome seus produtos. Muitas dizem prezar a diversidade e a equidade, inclusive colocando esses objetivos como parte de seus valores, de sua missão e do seu código de conduta. Mas como essa diversidade e essa equidade se aplicam se a maioria de suas lideranças e de seu quadro de funcionários é composta quase exclusivamente de pessoas brancas?

Assim vem sendo construída a história de instituições e da sociedade onde a presença e a contribuição negras se tornam invisibilizadas. As instituições públicas, privadas e da sociedade civil definem, regulamentam e transmitem um modo de funcionamento que torna homogêneo e uniforme não só processos, ferramentas, sistema de valores, mas também o perfil de seus empregados e lideranças, majoritariamente masculino e branco.[1] Essa transmissão atravessa gerações e altera pouco a hierarquia das relações de dominação ali incrustadas. Esse fenômeno tem um nome, branquitude, e sua perpetuação no tempo se deve a um pacto de cumplicidade não verbalizado entre pessoas brancas, que visa manter seus privilégios.[2] E claro que elas competem entre si, mas é uma competição entre segmentos que se consideram "iguais".

É evidente que os brancos não promovem reuniões secretas às cinco da manhã para definir como vão manter seus privilégios e excluir os negros. Mas é como se assim fosse: as formas de exclusão e de manutenção de privilégios nos mais diferentes tipos de instituições são similares e sistematicamente negadas ou silenciadas.[3] Esse pacto da branquitude possui um componente narcísico, de autopreservação, como se o "diferente" ameaçasse o "normal", o "universal". Esse sentimento de ameaça e medo está na essência do preconceito, da representação que é feita do outro e da forma como reagimos a ele.

Tal fenômeno evidencia a urgência de incidir na relação de dominação de raça e gênero que ocorre nas organizações, cercada de silêncio. Nesse processo, é fundamental reconhecer, explicitar e transformar alianças e acordos não verbalizados que acabam por atender a interesses grupais, e que mostram uma das características do pacto narcísico da branquitude.

Fui consolidando uma perspectiva sobre o modo de operacionalização das discriminações dentro das organizações, em que questões éticas, morais e relacionadas com a democratização de espaços institucionais sempre são tratadas através de uma perspectiva "racional", que busca justificar as desigualdades a partir da ideia de mérito. Ou seja, se constatamos representação excessiva de pessoas brancas nos lugares mais qualificados é porque elas mereceram isso, e a ausência de negras e negros e de outros segmentos deve-se ao fato de não estarem devidamente preparados.

Recentemente, a liderança de uma grande corporação, referência no seu ramo no Brasil, foi provocada a trazer mais diversidade ao seu quadro de prestadores de serviço. A reação não foi inédita: alegaram que já tinham colaboradores de sua confiança e que alterações nesse contexto seriam complicadas. Esse é um típico acordo tácito que precisa ser discutido e alterado quando uma organização decide se tornar mais equânime.

No momento em que uma empresa define um plano de promoção da equidade e estabelece ações afirmativas — que vêm não só pela pressão dos movimentos sociais, mas já como uma demanda do público —, costuma-se ouvir de parte das lideranças da instituição frases como: "Não vamos passar a mão na cabeça de ninguém", "Precisa ter competência para ocupar cargos mais elevados", ou ainda, "Nosso sistema é meritocrático", o que mostra desconforto ou contrariedade diante da possibilidade de mudança no perfil das pessoas que ocupam postos-chave na organização. Mas não só.

Um dos desafios está em problematizar o entendimento de que os resultados de processos seletivos, contratações e promoções que colocam homens brancos majoritariamente em posições mais qualificadas são decorrentes exclusivamente do mérito que essas pessoas têm pela excelência individual naquilo que são e fazem.

Daniel Markovits, autor do livro *A cilada da meritocracia*, afirma que a

> meritocracia pretende justificar as desigualdades que produz e criar uma elite que se considera trabalhadora e virtuosa. Esta elite se beneficia das enormes desigualdades em investimentos educacionais e se esforça para oferecer as mesmas oportunidades educacionais

aos filhos, passando os privilégios de uma geração à outra, o que vai impactar melhores oportunidades de trabalho e de salários para este grupo. Ruim para os pobres, mas também aprisionadora da elite, que tem que lutar cada vez mais para chegar e se manter no topo, criando diferentes ressentimentos de ambos os lados, capitalizados pelos governos populistas.[4]

De fato, o conceito comum de meritocracia é o de um conjunto de habilidades intrínsecas a uma pessoa que despende esforço individual e não estabelece nenhuma relação dessas "habilidades" com a história social do grupo a que ela pertence e com o contexto no qual está inserida. Ou seja, a meritocracia defende que cada pessoa é a única responsável por seu lugar na sociedade, seu desempenho escolar e profissional etc. Parte de uma ideia falsa para chegar a uma conclusão igualmente falsa.

Há que se lembrar de que muitas vezes a "competência" exigida está ligada a um tipo de familiaridade com códigos da cultura organizacional adquiridos ao frequentar instâncias mais estratégicas das instituições, bem como quando se tem algum tipo de relacionamento com lideranças de níveis hierárquicos mais elevados. Essa experiência não é acessada, em geral, por grupos que carregam uma herança de discriminação e exclusão.

A racionalidade que explica o suposto sistema meritocrático não considera ainda o impacto de histórias e heranças diferentes na vida contemporânea dos grupos, tais como qualidade de escolas frequentadas, disponibilidade de equipamentos e acesso à internet nos ambientes familiares e escolares, ao sistema de saúde, de saneamento básico nos locais de moradia etc.

Assim, ao ingressar no mestrado em psicologia na Pontifícia Universidade Católica de São Paulo (PUC-SP), passei a trabalhar com o tema da branquitude — pesquisa que desdobrei mais tarde em meu doutorado.[5] Minha atenção focava a ausência de um discurso explícito sobre os brancos na história do país, e, ao mesmo tempo, o silêncio sobre a herança escravocrata concreta ou simbólica, que definia ambientes de trabalho desiguais. A pesquisa acompanhava trabalhadores de diferentes níveis hierárquicos no interior de organizações públicas ou privadas para compreender a maneira como se processam, cotidianamente, as relações raciais e de gênero.

Estudar os processos de construção e legitimação da hierarquia de raça e gênero, em ambiente de trabalho,[6] ouvindo o que tinham a dizer tanto pessoas negras como brancas, permitiu compreender a naturalização da supremacia branca nas instituições, sua construção e reprodução ao longo da história. Também possibilitou aprofundar a compreensão sobre as desigualdades e a violência racial na macroestrutura política e social, que ocorre não só no Brasil, mas em outras partes do mundo.

HERANÇA HISTÓRICA

Descendentes de escravocratas e descendentes de escravizados lidam com heranças acumuladas em histórias de muita dor e violência, que se refletem na vida concreta e simbólica das gerações contemporâneas. Fala-se muito na herança da escravidão e nos seus impactos negativos para as populações negras, mas quase nunca se fala na herança escravocrata e nos seus impactos positivos para as pessoas brancas.

É possível identificar a existência de um pacto narcísico entre coletivos que carregam segredos em relação a seus ancestrais, atos vergonhosos como assassinatos e violações cometidos por antepassados, transmitidos através de gerações e escondidos, dentro dos próprios grupos, numa espécie de sepultura secreta. Assim é que a realidade da supremacia branca nas organizações públicas e privadas da sociedade brasileira é usufruída pelas novas gerações brancas como mérito do seu grupo, ou seja, como se não tivesse nada a ver com os atos anti-humanitários cometidos no período da escravidão, que corresponde a $^4/_5$ da história do país,* ou com aqueles que ainda ocorrem na atualidade.

É urgente fazer falar o silêncio, refletir e debater essa herança marcada por expropriação, violência e brutalidade para não condenarmos a sociedade a repetir indefinidamente atos anti-humanitários similares.

Trata-se da herança inscrita na subjetividade do coletivo, mas que não é reconhecida publicamente. O herdeiro branco se identifica com outros herdeiros brancos e se beneficia dessa herança, seja concreta, seja simbolicamente; em contrapartida, tem que servir ao seu grupo, protegê-lo e fortalecê-lo. Este é o pacto, o acordo tácito, o contrato subjetivo não ver-

---

* Abordei essa herança quando preparava meu texto para o doutorado, focalizando os pactos narcísicos, inspirada em textos do psicanalista René Kaës e na literatura utilizada por ele, bem como no texto de outros psicanalistas que tratavam de transmissão geracional de conteúdos negativos. Outras ativistas e pensadoras negras recorreram a perspectivas da psicanálise, de maneira crítica, como Lélia Gonzalez, Neusa Santos e bell hooks. Assim, me permiti continuar a utilizar conceitos da psicanálise, porém de maneira bem livre para trabalhar com a transmissão da herança negativa. René Kaës trata do pacto denegativo como aliança inconsciente para falar de tudo aquilo que se impõe nos laços intersubjetivos, relacionado com o negativo, como a repressão, a recusa, a rejeição ou o enquistamento no espaço interno de um ou de vários sujeitos. Articula-se esse conceito àquele que Piera Aulagnier definiu como "contrato narcisista".

balizado: as novas gerações podem ser beneficiárias de tudo que foi acumulado, mas têm que se comprometer "tacitamente" a aumentar o legado e transmitir para as gerações seguintes, fortalecendo seu grupo no lugar de privilégio, que é transmitido como se fosse exclusivamente mérito. E no mesmo processo excluir os outros grupos "não iguais" ou não suficientemente meritosos.

O pacto é uma aliança que expulsa, reprime, esconde aquilo que é intolerável para ser suportado e recordado pelo coletivo.[7] Gera esquecimento e desloca a memória para lembranças encobridoras comuns.[8] O pacto suprime as recordações que trazem sofrimento e vergonha, porque são relacionadas à escravidão.

Assim, falar sobre a herança escravocrata que vem sendo transmitida através do tempo, mas silenciada, pode auxiliar as novas gerações a reconhecer o que herdaram naquilo que vivem na atualidade, debater e resolver o que ficou do passado, para então construir uma outra história e avançar para outros pactos civilizatórios.

2. BRANQUITUDE E COLONIZAÇÃO EUROPEIA

> [...] *expunha constantemente suas ideias sobre a pureza da raça, do sangue, sobre a eliminação necessária dos estrangeiros, dos impuros. Esse delírio privado encontrou sustentação nos ideais coletivos de uma comunidade [...] para reforçar nele o sentimento narcísico de pertencer a uma elite escolhida para dominar e purificar.*[1]
>
> René Kaës

A história do Ocidente com a expansão das civilizações greco-romanas, os descobrimentos ibéricos, a formação dos grandes impérios coloniais e, hoje, a mundialização explicita o modo imaginário como posições de inferioridade para o aprisionamento do outro[2] foram construídas. Em todos os lugares em que houve povoamento por pessoas provenientes da Europa, no decorrer da expansão colonial, os alicerces ideológicos e muitas das consequências da branquitude, sobre a qual tratarei mais à frente, foram fundamentalmente iguais.

O discurso europeu sempre destacou o tom da pele como a base principal para distinguir status e valor.[3] As noções de "bárbaros", "pagãos", "selvagens" e "primitivos" evidenciam a cosmologia que orientou a percepção eurocêntrica do outro nos grandes momentos de expansão territorial da Europa.* Como diz Edward Said,[4] o olhar europeu transformou os não europeus em um diferente e, muitas vezes ameaçador, outro. E esse outro tem muito mais a ver com o europeu do que consigo próprio.

Analisando a visão do europeu sobre os não europeus, pode-se concluir que aquele ganhou em força e em identidade, uma espécie de identidade substituta, clandestina, subterrânea, colocando-se como o "homem universal", em comparação com os não europeus.

Assim, foi no bojo do processo de colonização que se constituiu a branquitude. Os europeus, bran-

---

* Johann-Friedrich (1752-1840), conhecido como o "pai" da antropologia física, foi o primeiro a definir três tipos raciais: caucasiano, mongol e etíope, mais tarde acrescido de mais dois: americano e malásio. A cor foi vinculada à ideia de evolução. Uma das características do homem primitivo foi sua cor de pele, juntamente com a pequena estatura, a feiura, a promiscuidade e a violência.

cos, foram criando uma identidade comum que usou os africanos, negros, como principal contraste. A natureza desigual dessa relação permitiu que os brancos estipulassem e disseminassem o significado de si próprios e do outro através de projeções, exclusões, negações e atos de repressão.[5]

Entre 1500 e 1900, a colonização europeia movimentou 18 milhões de africanos escravizados pelo mundo.[6] Antes do começo desse colonialismo, a África e a Ásia eram regiões relativamente ricas e produtivas, enquanto a Europa era economicamente pouco importante. No entanto, houve uma reversão da situação, em que a Europa tornou-se uma região relativamente rica, e a África e a Ásia tornaram-se locais com problemas crônicos de pobreza. Essa reversão não é efeito apenas da extração dos recursos dessas regiões, mas também da destruição de estruturas econômicas e sociais tradicionais.[7]

Um escravizado trabalhando na plantação, na colônia, chegava a ser até 130 vezes mais lucrativo para a Inglaterra do que um inglês trabalhando no próprio país.[8] Os beneficiários do colonialismo europeu não eram apenas as companhias e as famílias ricas que participavam diretamente da extração das riquezas das colônias. Todas as outras classes, até as mais pobres, também se beneficiaram da elevação de padrão de vida, do desenvolvimento econômico e da transferência do trabalho pesado para as colônias, o que corroborou com a perspectiva de raça e classe desenvolvida por W. E. B. Du Bois nos estudos sobre branquitude, ou seja, mesmo os brancos pobres e a classe trabalhadora se beneficiam do legado da opressão racial.[9] À medida que a Europa foi se expandindo pelo mundo e os europeus foram acessando e se apropriando dos recursos materiais e simbólicos dos "outros", a narrativa da branquitude foi sendo construída.[10]

Nossa história foi profundamente marcada pela brutalidade contra as populações negra e indígena, que eram vistas como ameaça aos interesses dos europeus. Como nos lembra Achille Mbembe:

> A percepção da existência do outro como um atentado contra minha vida, como uma ameaça mortal ou perigo absoluto, cuja eliminação biofísica reforçaria o potencial para minha vida e segurança [...], é um dos muitos imaginários de soberania característico tanto da primeira quanto da última modernidade.[11]

Ontem e hoje, objetiva e subjetivamente, essa violência se explicita no Brasil. É fundamental o reconhecimento e debate sobre essa herança por parte dos brancos. Em minha tese de doutorado, apareceram frequentes relatos da vinculação da situação do negro na atualidade, com o legado de seu passado de escravizado. Mas o grupo branco "desapareceu" do contexto, como se não fosse parte desse passado e não trouxesse nenhuma herança dele. Uma das entrevistadas ao longo de minha pesquisa, Mara, uma psicóloga organizacional branca, confirma isso:

> Muitas amigas minhas às vezes vão para Salvador e falam que estão na praia. Às vezes pedem para uma pessoa, um cara negro, que está lá sem fazer nada, para pegar um coco. O cara não vai, está com preguiça de pegar. Nem sendo pago para isso, sabe? Então, nessa questão da preguiça, dessa letargia, isso vem desde a escravatura, sabe?

Vemos aqui a habitual e repetitiva associação da situação contemporânea dos negros com o legado da escravidão. Tudo se explica por uma herança que os negros trariam da escravidão. Ao observador atento não escapa, entretanto, uma manifestação do legado de sinhazinha que, mesmo deleitando-se na praia, não pôde se ocupar de providenciar, ela mesma, uma água de coco, tendo que se valer do serviço de um negro.

Ela refere-se ao estigma do negro preguiçoso, quando segundo dados da Fundação Sistema Estadual de Análise de Dados (Seade) e do Departamento Intersindical de Estatística e Estudos Socioeconômicos (Dieese)[12] a população negra trabalha duas horas a mais do que a branca, em qualquer parte do Brasil. Mais recentemente, em novembro de 2019, outra análise do Dieese[13] indicou que a população negra trabalha mais e ganha menos em todos os estados do Brasil — a média é de 30% menos em comparação com os não negros, sendo as mulheres negras o grupo mais afetado, visto que trabalham quase o dobro do tempo para obter o salário de um homem branco.[14]

Essa realidade é uma continuidade de seu lugar histórico de trabalho no país, no qual o escravizado foi o motor da economia da metrópole e da colônia, e a partir de seu trabalho nos diferentes ciclos econômicos, do açúcar, do café e do ouro produziu riquezas e possibilitou a consolidação da classe dominante brasileira, protagonizando ainda o enriquecimento europeu. O tráfico foi o negócio mais importante do Brasil na primeira metade do século XIX, e foi a escravidão nas colônias que proporcionou o desenvolvimento do capitalismo industrial nas metrópoles.[15]

No entanto, a não indenização da população escravizada após o fim da escravidão é um traço marcante de nossa história. A luta pela reparação em razão dos atos anti-humanitários ocorridos nos quase quatro séculos de escravidão no Brasil tem longa história. Já em

1883, nas páginas do panfleto da Confederação Abolicionista, Luiz Gama chegou a calcular o montante devido em salários aos escravizados: "Realmente são insaciáveis os parasitas do trabalho africano! [...] Fazem, porventura, ideia da soma que devem em salário às gerações que se sucederam no cativeiro durante três séculos?". Considerando apenas um terço dos escravizados que chegaram ao país, o abolicionista calculou que mais de 1 trilhão de reais lhes eram devidos.

Esse tema atravessa as narrativas e ações do movimento negro. Em 2001, a Conferência Mundial contra o Racismo, Discriminação Racial, Xenofobia e Intolerância Correlata, em Durban, na África do Sul, reconheceu a escravidão e o comércio atlântico de escravizados como crimes contra a humanidade. Mais do que nunca, pedidos de reparação adquiriram uma nova força, porém sempre geraram uma reação de recusa dos Estados europeus, como se deu na própria Conferência com a retirada desses países quando o tema do debate foi reparação.

Por sua vez, o Brasil se preocupou em prover reparação aos proprietários de escravizados. Em 1871, por exemplo, foi publicada a Lei do Ventre Livre, libertando os filhos das mulheres escravizadas, mas colocando-os sob custódia do senhor, que deveria receber uma indenização do Estado quando a criança completasse oito anos, ou poderia exigir compensação da própria criança, forçando-a a trabalhar até os 21 anos. Para Daniel Teixeira,[16] essa foi uma clara medida de institucionalização do trabalho infantil, não por acaso, muito maior entre crianças negras na atualidade. Daniel afirma ainda que a Lei do Ventre Livre, ao prever indenização a escravocratas, também ia na contramão de países que adotaram medidas de promoção de direitos e integração econômica da população negra em contextos de abolição formal, como ocorreu no período denominado de *Reconstruction*, nos Estados Unidos, ao final da Guerra de Secessão.

Essa preocupação de determinados grupos europeus e seus descendentes no Brasil de proteger e fortalecer exclusivamente os interesses dos seus, manifestação do pacto narcísico, se evidencia repetidamente em nossa história.

Podemos encontrar um exemplo bem expressivo em ações do primeiro governo republicano brasileiro, que estimulou a vinda de imigrantes para o país. Todavia, essa imigração não poderia ser asiática nem africana, como nos mostra o decreto de imigração de 1890.[17] Feito dois anos após a abolição da escravatura, ele nos permite conhecer o tratamento oferecido pelo Brasil para imigrantes vindos da África e da Ásia, bem como indígenas, e, de outro lado, para descendentes de europeus: o Estado brasileiro subvencionou as passagens dos imigrantes da Europa e determinou que nos primeiros seis meses ficariam sob sua proteção.

Assinado quarenta anos após a publicação da Lei Eusébio de Queirós,[18] que proibia o tráfico de escravos, o decreto dimensiona a concretude dos interesses e dos pactos narcísicos de determinados segmentos europeus e seus descendentes no Brasil. É ao longo da história que se forja o "sistema meritocrático" em que um segmento branco da população vai acumulando mais recursos econômicos, políticos, sociais, de poder que vai colocar seus herdeiros em lugar de privilégio.

Podemos observar essa questão em outra normativa, a Lei de Terras,[19] que influenciou fortemente a propriedade fundiária e o povoamento do país, pois fez com que a obtenção de lotes passasse a ser feita por meio de compra e venda e não mais por posse, dificultando o acesso à pequena propriedade rural, e, ao mesmo tempo, estimulando a expansão dos latifúndios em todo o país, impedindo a democratização do solo.[20] A monocultura para exportação e a escravidão, articulada com a forma de ocupação das terras brasileiras, pelos portugueses, definiram as raízes da desigualdade social que teve seu início no século XVI e perdura até os dias atuais.

Não por coincidência, o Brasil exibe ainda hoje a maior concentração de terras do mundo e onde se encontram os maiores latifúndios: o último Censo

Agropecuário do país revela que apenas 1% dos proprietários de terra controlam quase 50% da área rural. No entanto, os estabelecimentos com áreas menores a dez hectares representam metade das propriedades rurais, controlando apenas 2% da área total.[21] Dados dessa natureza demonstram como a construção das desigualdades é um processo de estruturação institucional que vai atravessando a história do país.

A colonização europeia das Américas inaugurou um sistema mundial capitalista que ligou raça, terra e divisão do trabalho,[22] conferindo substância à relação de dominação que se constituiu.

3. CAPITALISMO RACIAL

Dentre as tantas formas de oposição e resistência social à relação de dominação que se estabeleceu, vale destacar Frantz Fanon[1] e Albert Memmi,[2] cujos estudos problematizaram as continuidades simbólicas e institucionais das relações coloniais de dominação, mesmo após os processos de independência formais das nações. Outros importantes intelectuais como Edward Said, Stuart Hall, Homi Bhabha, Gayatri Spivak e Paul Gilroy foram essenciais para a sua consolidação.

São pontos comuns entre os diferentes autores e autoras: a crítica ao eurocentrismo, a revisão da narrativa histórica colonial e a defesa da emergência de "outras" vozes e saberes advindos do Sul global.[3]

As hierarquias de raça e gênero foram fundamentais para a estruturação do pensamento colonial. Nilma Lino Gomes[4] afirma que "A empreitada colonial educativa e civilizatória esteve impregnada da ideia de raça". Nesse sentido, a autora destaca a importância do movimento negro em relação à desconstrução e à ressignificação das relações étnico-raciais no Brasil, politizando a raça, "dando-lhe um trato emancipatório e não inferiorizante".[5] Trata-se de respostas coletivas negras ao supremacismo branco que caracteriza um Brasil tão excludente e desigual.

E, de fato, a história do movimento negro é de resistência e de lutas travadas durante todo o período da escravidão, indo da resistência individual às insurreições urbanas e aos quilombos.[*]

A história dos quilombos, assim como a de muitos importantes levantes ou revoltas que ocorreram antes

---

[*] Somente em 1988 — cem anos após a abolição da escravidão — a Constituição brasileira reconheceu a existência e os direitos dos quilombos contemporâneos, assegurando a essas comunidades o direito à propriedade de seus territórios coletivos. No entanto, no país, temos 6023 quilombos, mas apenas 8% desses territórios são oficialmente regularizados, segundo a Base de Informações Geográficas e Estatísticas sobre os Indígenas e Quilombolas 2019, do IBGE, o que contribui para invasões, depredações e violência nesses locais. O ano de 2017 foi o mais violento da última década. Em comparação a 2016, houve um aumento de 350% no número de quilombolas assassinados, segundo a Coordenação Nacional de Articulação das Comunidades Negras Rurais Quilombolas (Conaq) e a organização Terra de Direitos (*Racismo e violência contra quilombos no Brasil*, p. 46. Disponível em: <https://terradedireitos.org.br/uploads/arquivos/(final)-Racismo-e-Violencia--Quilombola_CONAQ_Terra-de-Direitos_FN_WEB.pdf>. Acesso em: 20 dez. 2021).

da abolição, forçando o fim da escravidão, é omitida na historiografia oficial. Isso pode ter ocorrido para não ferir a imagem de país da suposta democracia racial ou, ainda, para não reconhecer o protagonismo da população negra na história nacional.

Essa omissão da resistência negra e indígena na historiografia oficial nos mostra que precisamos entender sobre memória coletiva, mas também sobre amnésia coletiva, como nos ensina Charles W. Mills,[6] intelectual que trabalhou com o conceito de ignorância branca, salientando que o óbvio precisa ser relembrado, já que interesses podem moldar a cognição — e as sociedades escolhem o que querem lembrar e o que querem esquecer. A ignorância moral que implica julgamentos incorretos sobre o que é certo e o que é errado está incluída nessa abordagem, assim como a crença falsa.

De fato, trabalhar o território da memória é reafirmar que não se trata apenas de recordação ou interpretação. Memória é também construção simbólica, por um coletivo que revela e atribui valores à experiência passada e reforça os vínculos da comunidade. E memória pode ser também a revisão da narrativa sobre o passado "vitorioso" de um povo, revelando atos anti-humanitários que cometeram — os quais muitas vezes as elites querem apagar ou esquecer.

Respondendo à dimensão estrutural do racismo

em nossa sociedade, a população negra também se organiza em coletivos de natureza diferente, e, assim, a semente dos quilombos não para de crescer. Nesse sentido, esses diversos tipos de grupos de jovens, professores, intelectuais e artistas trabalham com o conceito de quilombo como território de memória, de resistência, de fortalecimento cultural e precisam ser apoiados por políticas públicas e programas de diversidade e equidade realizados por organizações.

O Brasil conta com uma multiplicidade de organizações espalhadas por todas as regiões, atuando de forma coletiva no combate ao racismo e na luta por um país mais justo, com igualdade de direitos e oportunidades.

Movimentos sociais como o de mulheres negras, quilombolas e indígenas desestabilizam as relações de colonialidade, construindo contranarrativas que trazem novas perspectivas e paradigmas, e, além da denúncia, procuram protagonizar ação política contra a expropriação de riquezas e a brutalidade que sustentam a sociedade e o regime político no qual vivemos.

Uma sociedade que se alimenta do lucro e do preconceito de raça vendido como liberalismo meritocrático, na verdade, está impondo o "capitalismo racial",[7] expressão que nasceu entre os sul-africanos que lutavam contra o regime do apartheid na década de 1970. A expressão é amplamente usada hoje pelo Black Lives Matter a partir da perspectiva de Cedric Robinson,[8] que em 1983 focalizou as formas como o racismo permeia a organização e o desenvolvimento do capitalismo.

O capitalismo racial elucida como o capitalismo funciona por meio de uma lógica de exploração do trabalho assalariado, ao mesmo tempo que se baseia em lógicas de raça, etnia e de gênero para expropriação, que vão desde a tomada de terras indígenas e quilombolas até o que chamamos de trabalho escravo ou o trabalho reprodutivo de gênero etc.

É um regime que congrega classe e supremacia branca. Aliás, capital e raça já se uniram há séculos: do tráfico negreiro transatlântico à destruição da população maia, asteca e guarani; dos combates portugueses na África Central aos inúmeros massacres em terras colonizadas por países europeus.

É imprescindível romper a aliança entre classes, elites políticas, educacionais, culturais e econômicas e uma parte da classe trabalhadora reunida pela supremacia branca, que vem possibilitando a reprodução do sistema do capitalismo racial. Rompendo essas alianças, a identificação de parcela da classe trabalhadora com líderes supremacistas violentos será dificultada.

Nesse contexto encontra-se a perspectiva da teoria da personalidade autoritária, que marca as abordagens que fiz sobre branquitude em meus primeiros escritos, por volta de fins dos anos 1990.

Essa perspectiva contribuiu para o entendimento da construção e manutenção das desigualdades raciais e de gênero, entre outras, nas instituições e no sistema político e econômico em que estamos mergulhados, pois trata especialmente o supremacismo branco enquanto expressão da antidemocracia. Busca, então, compreender a identificação de parcela das populações com líderes autoritários, em lugares onde se instalam regimes totalitários.

4. PERSONALIDADE AUTORITÁRIA, MASCULINIDADE BRANCA E NACIONALISMO

A mentalidade fascista presente em cidadãos e cidadãs comuns é o principal tema da publicação *A personalidade autoritária: Estudos sobre o preconceito*,* de 1950, elaborada por Adorno e vários psicólogos clínicos e sociais. As ideologias políticas, assunto que tradicionalmente não é tema da psicologia clínica, foram o coração dessa ampla e robusta pesquisa baseada em técnicas clínicas conjugadas com a teoria psicanalítica.**

---

* Resultado de uma série de pesquisas sobre o preconceito dirigida por Theodor W. Adorno em colaboração com psicólogos e cientistas sociais da Universidade de Berkeley. Na metodologia de pesquisa estavam questionários, entrevistas, bem como investigações mais "profundas", de cunho projetivo, envolvendo escalas (antissemitismo, etnocentrismo, conservadorismo político-econômico). Há inúmeros artigos e livros de frankfurtianos, escritos por Adorno, Horkheimer, Löwenthal e Guterman, durante os anos de 1930 aos 1950, quando eles ficaram exilados.
** A professora Iray Carone, uma das principais estudiosas brasileiras sobre a personalidade autoritária, foi quem abriu meus caminhos para aprofundar os conhecimentos sobre esta teoria.

Na perspectiva da personalidade autoritária está a convicção de que a visão de mundo de seu próprio grupo é o centro de tudo, e os demais são compreendidos a partir de seu modelo, ou seja, o etnocentrismo. Outra característica é que a personalidade autoritária requer um inimigo, porque precisa sempre projetar "para fora", em grupos considerados "minoritários" e periféricos, a raiva e o ressentimento sociais.

A diferença no tratamento a essas comunidades explicita o conceito de "nós e eles". O comandante da Rota, tropa de elite da Polícia Militar de São Paulo, afirmou que a atuação da polícia na região nobre e na periferia de São Paulo precisa ser diferente tanto na abordagem como na maneira de falar com os moradores:

> São pessoas diferentes que transitam por lá. A forma dele abordar tem que ser diferente. Se ele [policial] for abordar uma pessoa [na periferia] da mesma forma que ele for abordar uma pessoa aqui nos Jardins [região "nobre" de São Paulo], ele vai ter dificuldade. Ele não vai ser respeitado [...] se eu coloco um [policial] da periferia para lidar, falar com a mesma forma, com a mesma linguagem que uma pessoa da periferia fala aqui nos Jardins, ele pode estar sendo grosseiro com uma pessoa dos Jardins que está ali, andando.[1]

Esse tratamento diferenciado aos "pobres da periferia" e aos "nobres dos Jardins" deixa as pessoas "cegas", incapazes de ver e reconhecer que muitos dos que criam e mantêm as estruturas de corrupção que desestabilizam sociedades inteiras, no Brasil e no mundo afora, são justamente "os nobres", que buscam por bodes expiatórios, em geral, moradores das favelas, periferias e negros, que podem ser culpabilizados, destratados e até mortos.*

Nos últimos anos foi possível acompanhar uma sequência de prisões de políticos da elite carioca, todos envolvidos em esquemas de corrupção. Em menos de cinco anos, foram presos cinco governadores e um

---

* Estudo realizado pela Rede de Observatórios da Segurança mostra que no Rio de Janeiro, em 2019, o assassinato de negros pela polícia bateu o recorde depois de trinta anos, sendo 86% das vítimas negras, numa população em que o índice de negros é de 51%. O aumento ocorreu em todos os cinco estados pesquisados. Em São Paulo, do total de mortos, 62,8% são negros, quando a população paulista é composta de 34,8% de negros. Na Bahia, por exemplo, 97% dos mortos pela polícia são pessoas negras. Ademais, a mortandade da população negra é expressivamente maior na pandemia da covid-19. Em São Paulo, um estudo realizado pelo Observatório Covid-19 e pela Prefeitura mostrou que, nos bairros com piores indicadores sociais, o risco de morrer por covid-19 é maior para todas as faixas etárias acima de trinta anos. O estudo ainda relatou que os pretos moradores da cidade têm 62% mais chance de morrer por covid-19 do que os brancos.

prefeito.[2] Um desses ex-governadores se referiu à Rocinha, famosa favela carioca, como "fábrica de produzir marginal". Ele está preso há anos, acusado de ter lavado milhões de reais de propina obtida com fornecedores do estado, mas propõe para a população favelada e negra o aborto como política de prevenção da criminalidade. Em suas palavras: "Você pega o número de filhos por mãe na Lagoa Rodrigo de Freitas, Tijuca, Méier e Copacabana, é padrão sueco. Agora, pega na Rocinha. É padrão Zâmbia, Gabão. Isso é uma "fábrica de produzir marginal".[3] Os bairros cariocas que segundo o ex-governador têm padrão sueco, não por coincidência, são os de classe média e alta, cujos moradores são majoritariamente brancos, enquanto a Rocinha tem sua população composta na sua maioria de negros e nordestinos, sendo, sintomaticamente, comparada a países africanos pobres. Evitar que os moradores da Rocinha tenham filhos, conforme o político, é evitar que nasçam bandidos. Nessa fala vemos também o clichê emblemático de parte de nossa elite: "Europa civilizada e África não civilizada".

Estudiosos, em geral do campo jurídico, destacam que os "crimes de colarinho-branco" — termo cunhado por Edwin Sutherland, em 1940 — não implicam força física como a maioria de crimes comuns. Eles são praticados por homens que não são jovens e têm anos de experiência no ambiente onde praticam o crime, além de não serem pobres ou periféricos e apresentarem influência social e, principalmente, poder.[4]

Os criminosos de colarinho-branco, com frequência políticos e empresários, não são punidos embora exista legislação e ferramentas para puni-los, e os estudiosos destacam que uma das dificuldades está em enxergar esse perfil de pessoa como o de um criminoso.

Além disso, o perfil desses criminosos, em sua imensa maioria masculino e branco, é semelhante ao perfil dos juízes que vão julgá-los. Trata-se de "iguais"?

Para Luís Roberto Barroso,[5] ministro do Supremo Tribunal Federal (STF),

> Temos uma Justiça tipicamente de classe: mansa com os ricos e dura com os pobres. Leniente com o colarinho--branco e severa com os crimes de bagatela. Meninos da periferia com quantidades relativamente pequenas de drogas são os alvos preferenciais do sistema.

Nesse sentido é importante destacar que o tráfico lidera as tipificações para o encarceramento, pois 54% das pessoas condenadas por esse motivo cumprem penas de até oito anos, o que demonstra que o aprisionamento tem sido a única política diante de pequenos delitos. E o foco são negros e negras, já que 64% da população prisional é negra. É importante salientar ainda que, entre 2000 e 2014, a população feminina nos presídios aumentou 567,4%, e duas em cada três mulheres presas são negras (67%).[6]

Uma parcela dos intérpretes da lei, sejam eles policiais, promotores, juízes, advogados, legisladores, administradores, defensores públicos e demais profissionais que trabalham na justiça penal, majoritariamente branca, pode, em seu cotidiano de trabalho, reproduzir, disseminar e sustentar um regime racial de "produção de verdade", que favorece a criação de provas e a atuação da polícia voltada à ampliação do poder penal e ao encarceramento em massa de indivíduos considerados "suspeitos".[7]

De outro lado, em 2012, o Conselho Nacional de Justiça (CNJ) identificou 25799 processos envolvendo o que se costuma chamar de "crimes do colarinho-branco" em tramitação na Justiça brasileira, porém apenas 205 réus foram condenados definitivamente.

A mesma pesquisa indica que do total de 1763 denúncias criminais relacionadas a corrupção e lavagem de dinheiro registraram-se 594 julgamentos definitivos, e 96 processos foram arquivados por demora no julgamento, ou seja, prescreveram.[8]

É preciso monitorar, exercer o controle social e transformar o contexto institucional que possibilita que uma parcela de profissionais do Judiciário proteja seus "iguais" e fortaleça líderes que pregam a violência sempre contra os considerados "não iguais" — essa é uma das grandes características do pacto narcísico. Ampliar a compreensão sobre o contexto de desigualdades raciais no campo de organizações do Judiciário e tornar mais plural o perfil dos operadores de direito pode também contribuir para que a justiça racial se torne efetiva.

BIOPODER E BIOPOLÍTICA

Michel Foucault salientou em sua obra *Vigiar e punir*[9] que é desta forma — encarcerando ou assassinando — que se lida com os considerados "inimigos do Estado". A noção de "biopoder" e "biopolítica" fala de técnicas da hierarquia que vigia e as técnicas da sanção que normaliza. Trata-se de "um controle normalizante, uma vigilância que permite qualificar, classificar e punir".

Esse conceito, interseccionado às discussões que o filósofo camaronês Achille Mbembe faz sobre a "necropolítica", trata do poder não apenas nos contextos de colonização, mas também que ainda se manifestam com força nos contextos brasileiros tendo como eixo central as questões raciais contemporâneas.

O racismo permite o exercício do biopoder, "este velho direito soberano de matar". Na economia do biopoder, a função do racismo é regular a distribuição da morte e tornar possíveis as funções assassinas do Estado. Segundo Foucault, essa é "a condição para aceitabilidade do fazer morrer".[10]

Vigilância e punição que pudemos observar num fenômeno trágico que ocorreu em novembro de 2020 nas dependências do supermercado Carrefour, em Porto Alegre. Um cliente negro, João Alberto Freitas, foi vigiado, perseguido e espancado até a morte. Enquanto seu sangue derramava-se sobre o chão branco, durante cinco minutos, foi observado e filmado por aproximadamente quinze pessoas, até que estivesse morto.[11]

Assassinato similar a outros milhares que ocorrem no Brasil, já que um jovem negro é assassinado a cada 23 minutos, caracterizando o que o movimento negro define como "genocídio da população negra".

Assassinatos de jovens negros nos enchem de dor e vergonha pelo que revelam sobre nosso "Brasil cordial", mas também desencadeiam importantes movimentos coletivos, como ocorreu em 1978, quando o assassinato de Robson Silveira da Luz provocou, em tempos de plena ditadura militar, a criação do Movimento Negro Unificado (MNU), cuja resistência é um divisor de águas na luta contra o racismo no país.

MASCULINIDADE BRANCA E NACIONALISMO

A imagem de uma masculinidade branca, forte, viril, "vencedora", utilizada por presidentes conservadores como Trump a partir da associação com atletas brancos, é o tema de um interessante artigo de Kyle W. Kusz.[12] Os atletas "vencedores" seriam o equivalente ao presidente duro e autoritário que levaria a nação ao sucesso. A branquitude convicta e autoritária permite ao político ser grosseiro, violento, antidemocrático e abertamente racista, homofóbico e machista, uma atitude que provoca identificação de muitos apoiadores de lideranças públicas, mais do que suas políticas.

Esses líderes, segundo a teoria da personalidade autoritária, são apoiados justamente porque seus seguidores identificam-se com suas ideias e comportamentos, e efetivamente representam uma parcela expressiva da população. É através desse discurso que esses políticos conseguem construir, na atualidade, o projeto nacionalista dos homens brancos, em diferentes países no mundo, inclusive no Brasil.

O Trumpismo[13] é um exemplo desse fenômeno e teve como característica o fortalecimento da supremacia branca, do militarismo, o desprezo por leis e instituições, o machismo e o racismo, e o ódio a intelectuais e artistas. É marcado ainda por amor ao chefe autoritário, forte nacionalismo e desprezo aos estrangeiros, aos direitos e à dignidade das pessoas.

São lideranças de governo que aplicam a lei contra a democracia: "O Estado de direito não está sendo abolido de fora, mas destruído por dentro para fazer dele uma arma de guerra contra a população e a serviço dos dominantes".[14]

Refletindo sobre o ataque frontal à democracia norte-americana na invasão do Capitólio em Washington DC, nos Estados Unidos, em janeiro de 2021, por supremacistas brancos, Manisha Sinha disse em entrevista[15] que essa não foi a primeira tentativa de interromper o processo democrático por terroristas brancos de direita, citando o golpe de Wilmington de 1898 e outros esforços anteriores em todos os estados do Sul.

Aliás, em cada um dos estados do Sul dos Estados Unidos, a democracia foi atacada por grupos terroristas brancos de direita, como a Ku Klux Klan, os Cavaleiros da Camélia Branca, a Liga Branca e os Camisas Vermelhas, de Wade Hampton, na Carolina do Sul. Havia vários deles.

Essas manifestações guardam semelhanças com aquelas que vêm ocorrendo no Brasil, como a de maio de 2020, quando manifestantes fizeram um ato na Praça dos Três Poderes, em Brasília, defendendo medidas antidemocráticas e portando faixas pedindo intervenção militar e o fechamento do Congresso e do Supremo

Tribunal Federal. E já tinham realizado ato em frente ao STF usando máscaras brancas e tochas, a exemplo dos supremacistas brancos dos Estados Unidos.[16]

As armas são parte integrante da ideologia e do projeto político desse movimento e são uma indicação de militância que quer desencadear violência nas ruas.

No Brasil, uma série de mudanças normativas vem facilitando o acesso às armas, como o aumento do limite de armamento e munição que pessoas com porte permitido podem adquirir, além da obtenção de armas de maior potencial ofensivo — anteriormente de uso restrito das forças de segurança. Acrescente-se a isso o fato de que o Exército revogou portarias[17] que facilitavam o rastreamento de armas e munição. Dessa forma, o registro de armas por civis teve um aumento em 2020 de 91% ante o registrado em 2019, segundo a Polícia Federal. Com relação aos anos anteriores, a alta de 12,6% é o maior registro desde 2009.[18]

E é nesse processo que governos determinam quem pode viver e quem deve morrer, agindo de acordo com o que Mbembe[19] chama de necropolítica.

Com base no racismo, grupos são escolhidos para morrer a partir de um discurso do Estado que os define como ameaça, justificando o seu extermínio para assegurar a ordem e a segurança.

Trata-se de um fenômeno político nacionalista e "patriótico", fazendo um apelo aos chamados valores tradicionais. É principalmente na extrema direita, mas não só, que esses posicionamentos sobre ordem, segurança e defesa da pátria atraem setores de segurança, desde as forças armadas e policiais até as milícias e a bancada da bala.[20] Um nacionalismo antidemocrático que tem como base o supremacismo branco e o conservadorismo social e religioso.

O sistemático genocídio da população negra vem representando essa política de morte que é, acima de tudo, um ataque à democracia no Brasil, ao Estado democrático de direito, e é engendrado no interior das instituições que constituem a sociedade brasileira. "Não são as pessoas individualmente que decidem que a violência é a resposta; são as instituições ao nosso redor que estão saturadas de violência", nos ensina Angela Davis.[21] Assim, são nas instituições públicas e privadas que precisamos incidir, debater perspectivas e valores orientadores, fazer diagnósticos e alterar normas, políticas e processos que estruturam as relações de dominação, em particular àquelas relacionadas à branquitude.

5. O CAMPO DE ESTUDOS SOBRE BRANQUITUDE

Há vários estudiosos que destacam três ondas para delimitar o contexto de estudos sobre branquitude. Intelectuais negros no século XIX e da primeira metade do século XX descreveram e questionaram as estruturas da supremacia branca nos Estados Unidos, constituindo a primeira onda.[1]

Assim é que a fundação histórica dos estudos sobre branquitude é reconhecida a partir das obras de Du Bois. Ele destaca que preconceito racial, racismo institucional e supremacia branca formavam a base da sociedade dos Estados Unidos. No famoso *Black Reconstruction in America* [A reconstrução negra na América],[2] o autor afirma de maneira contundente que a supremacia branca solapou não só a união da classe trabalhadora, mas a própria *visão* de muitos trabalhadores brancos.

Constatou, ainda, que a identificação da classe trabalhadora branca se deu com a elite patronal branca, e não com a classe trabalhadora negra, já que os trabalhadores brancos podiam se apoiar em identidades de "não escravos" e "não negros".

Du Bois defende que os prazeres da branquitude funcionaram como um "salário público e psicológico" para a classe trabalhadora branca. Diz ele que

> apesar da baixa remuneração monetária, eles [os trabalhadores brancos] recebiam consideração pública [...] por serem brancos. Tinham livre acesso [...] *às funções públicas* [e] *aos parques públicos*. [...] Os policiais eram extraídos de suas fileiras, e os tribunais [...] tratavam-nos com brandura.[3]

Numa segunda onda, um grande número de estudiosos, muitos deles negros e negras dos Estados Unidos, continuou a linha de Du Bois de desafiar e visibilizar a supremacia branca e o racismo institucional (por exemplo, E. Franklin Frazier, St. Clair Drake, Horace Cayton, James Baldwin e Ralph Ellison). Escritoras como Toni Morrison ajudaram os estudos a migrarem do foco individual para análises de prática de discurso que tornavam a branquitude invisível.

Nessa segunda fase, pesquisadores analisaram como as instituições legais definem quem é branco e assim distribuem acesso a material e a avanços ligados à branquitude, caracterizada como uma propriedade, um bem.

Destaco também os estudos de Peggy McIntosh, que, em 1988, elencou 46 privilégios de pessoas brancas, tais como: se verem amplamente representadas em programas de TV e revistas; falar em público para um grupo de homens poderosos sem que a raça seja posta em julgamento; escolher maquiagem facilmente; não precisar se posicionar em nome de toda uma raça, entre outros.

Na terceira onda, a branquitude aparece sempre muito ligada às reações brancas diante do aumento da presença de negras e negros em lugares antes frequentados só por brancos. A ampliação das vozes negras que denunciam a apropriação dos bem materiais e imateriais da sociedade pelos brancos e clamam por justiça e reparação ameaçam a supremacia branca.

O nacionalismo se evidencia recorrentemente na marginalização de grupos considerados minoritários para ocultar e contestar a existência do racismo institucional. A "vitimização" da branquitude e as diferentes manifestações dos grupos brancos que se sentem ameaçados e perdendo o que entendem ser "seus direitos" se revela nesse período.

Um dos textos que chamou bastante minha atenção quando comecei a avançar nos estudos sobre branquitude foi o de Henry Giroux,[4] que defende que a expansão dos direitos das chamadas "minorias" na década de 1980, nos Estados Unidos, gerou forte reação e medo de perder privilégios nos brancos da classe média.

O receio e o sentimento de ameaça da população branca foi capitalizado pelo Partido Republicano, que passou a atacar agressivamente as políticas de ação afirmativa, propondo redução de gastos sociais e a destruição do estado de bem-estar, contrapondo-se à luta pela democracia multicultural com o discurso de individualismo e de defesa aos valores tradicionais. Isso ocorreu há quarenta anos em outro país, mas parece estar acontecendo também no Brasil de hoje.

A narrativa da branquitude se apresentava marcada por ressentimento e amargura e ocultava as profundas desigualdades raciais na sociedade, e alguns profissionais da mídia diziam querer viver em um lugar onde brancos não tivessem que se sentir mal por serem brancos.

Por um lado, os negros eram representados como povos estrangeiros, menos civilizados, essencialmente inferiores por herança genética. Por outro, os homens brancos se definiram como vítimas de um preconceito racial às avessas.

No mesmo período, começou-se a produzir estudos em que a branquitude surgia como um lugar de privilégio, de poder, construído historicamente. David Roediger e muitos outros estudiosos afirmam, então, que a branquitude é sinônimo de opressão e dominação e que não é identidade racial.

Citei em textos anteriores matérias de revista destacadas por Giroux versando sobre como homens brancos tinham sua identidade saqueada por "mulheres rancorosas, comunistas, empregadores que utilizavam ação afirmativa, japoneses, fundamentalistas islâmicos [e] que esses homens brancos estavam perdendo, bem como seu futuro estava comprometido".[5]

Outro ponto que merece destaque é a masculinidade branca, que aparecia sempre associada ao sentimento de estar sob ameaça, provocando resposta violenta. Grande parte da minha abordagem sobre a branquitude está concentrada nessa perspectiva. Me lembro de uma, entre tantas situações, que me provocou a pensar a respeito.

Num fim de semana estávamos, um grupo de mulheres negras, batendo um papo descontraído, quando uma delas exclamou: "Sabe que um dia ele me perguntou se os homens negros eram mesmo mais 'bem-dotados' que os brancos?". Acabamos rindo muito da pergunta, pois ela já havia sido feita a outras de nós por parceiros brancos.

Algum tempo depois refleti o que esse questionamento, feito por homens brancos para mulheres negras, revela sobre a masculinidade branca.

Parece que os mitos (ou não) criados em torno do

homem negro, que no imaginário social os colocam em situação de vantagem diante do homem branco no que diz respeito à sua sexualidade, são um importante elemento que assombra alguns homens brancos. Esse mal-estar pode definir uma relação tensa de contraste com o homem negro[6] e ser parte da cega violência genocida de homens brancos contra homens negros, porém sobre essa questão paira um suspeito silêncio.

Fanon, psicanalista negro, após extenso estudo feito com europeus durante quatro anos, chama a atenção para o fato de que as representações sobre os negros estão matizadas de sexualidade: "[...] no inconsciente europeu foi elaborado um crescendo excessivamente negro onde estão adormecidas as pulsões mais imorais, os desejos menos confessáveis".[7]

Para Fanon, ter fobia dos negros é ter medo do biológico, pois os negros só são vistos como seres biológicos. Ele explica que para o africano não há esse medo do biológico. Além disso, para ele, o ato sexual é apresentado como natural.

Enfim, as relações de dominação têm muitas facetas, e uma parte expressiva delas, às vezes a mais relevante, fica encoberta, silenciada.

Outra abordagem sobre branquitude pode ser observada na análise de textos do período entre 2008 até 2016, feita por Steve Garner, em 2017. Ele entende que, desde 2008, alguns caminhos diferentes foram tomados, o que fez a terceira onda de estudos sobre a branquitude se distinguir por:

- utilizar novos métodos de pesquisa, incluindo a internet, biografias raciais, música e imagens;
- interesse em práticas para reconstruir e reforçar a identidade e supremacia brancas num mundo pós-apartheid, pós-industrial, pós-imperial e pós direitos civis;
- nacionalismo, representado por figuras como Jair Bolsonaro e Donald Trump.

Movimentos nacionalistas vinculados à extrema direita têm se fortalecido nos Estados Unidos, na Europa Ocidental, na Europa Central, na Ásia, no mundo muçulmano e na América Latina,[8] usando de maneira intensa e agressiva dos meios digitais, especialmente as redes sociais. Símbolos associados aos skinheads e aos neonazistas e, portanto, à supremacia branca, passaram a ser muito utilizados pelos representantes da extrema direita como símbolo do nacionalismo.[9]

Essa conexão com o nacionalismo é muito evidente no que diz respeito à masculinidade branca, segundo estudos que focalizam suas diversas expressões, em espaços privados e públicos. Mas a relação entre masculinidade, branquitude e nacionalismo, infelizmente, não tem muita visibilidade.

De fato, branquitude, em sua essência, diz respeito a um conjunto de práticas culturais que são não nomeadas e não marcadas, ou seja, há silêncio e ocultação em torno dessas práticas culturais. Ruth Frankenberg[10] chama a atenção para branquitude como um posicionamento de vantagens estruturais, de privilégios raciais. É um ponto de vista, um lugar a partir do qual as pessoas brancas olham a si mesmas, aos outros e à sociedade.

Um ponto de inflexão fundamental adotado por mim em meu doutorado foi atentar para duas linhas de estudos sobre as relações raciais no Brasil: de um lado, pensadores de meados do século XIX, que afirmavam que os negros eram inferiores biologicamente e por isso foram escravizados;[11] de outro, quase um século depois, estudiosos mais progressistas defendiam que os negros não eram inferiores biologicamente, mas, como foram escravizados, acabaram ficando psicologicamente deformados.[12]

É interessante destacar que nenhum desses grupos de estudiosos apontou a existência de uma "deformação" na personalidade do escravizador, isto é, do branco.

Florestan Fernandes frequentemente citado como um intelectual branco respeitado pelo movimento negro, por suas posições de combate às desigualdades raciais, só conseguiu ver as deformações que a escravidão provocou na personalidade de negros. O importante livro intitulado *A integração do negro na sociedade de classes* diz que

> a escravidão deformou o seu agente de trabalho, impedindo que o negro e o mulato tivessem plenas possibilidades de colher os frutos da universalização do trabalho livre [...] existia a alternativa de substituí-lo, pois os imigrantes eram numerosos e tidos como poderosos e inteligentes trabalhadores [...]. Entenda-se que nada disso nascia ou ocorria sob o propósito (declarado ou oculto) de prejudicar o negro.

Ou seja, aqui há uma isenção dos brancos quanto à deformação da personalidade por conta da escravidão. Se Florestan Fernandes, tão consciente do racismo no Brasil, não conseguiu enxergar o impacto da escravidão no seu próprio grupo branco, era preciso compreender a cegueira conveniente e o silêncio cúmplice da branquitude.

Nesse sentido, estudos como os de Matthew Hughey[13] são interessantes, pois destacam conceitos ligados ao posicionamento dos brancos diante da branquitude que ele tratou como o privilégio branco e a prerrogativa branca. Privilégio branco é entendido como um estado passivo, uma estrutura de facilidades que os brancos têm, queiram eles ou não. Ou seja, a herança está presente na vida de todos os brancos, sejam eles pobres ou antirracistas. Há um lugar simbólico e concreto de privilégio construído socialmente para o grupo branco. Por sua vez, o conceito de prerrogativa branca diz respeito a uma posição ativa, na qual brancos buscam, exercitam e aproveitam a dominação racial e os privilégios da branquitude.

Ambos os conceitos dialogam com o que o pesquisador Lourenço Cardoso[14] definiu como branquitude acrítica, aquela expressa por supremacistas brancos, isto é, a identidade branca, individual ou coletiva, que corrobora a superioridade branca. No começo dos estudos, Lourenço salienta que a branquitude acrítica se explicitava no ambiente virtual, nos contornos da internet. O avanço de Trump é um exemplo de como a branquitude acrítica ganha materialidade, tendo como emblema o evento ocorrido em 2017, em Charlottesville.[15] Cardoso propõe, então, atentar para o crescimento e o fortalecimento de organizações neonazistas — pode-se citar aí a Ku Klux Klan: grupo que representa significativo exemplo do fortalecimento da branquitude acrítica.

Já a branquitude crítica, segundo ele, diz respeito ao indivíduo ou grupo branco que condena publicamente o racismo, e, em princípio, estaria disposto a abrir mão de seus privilégios combatendo o racismo estrutural que os sustenta. A branquitude crítica que se evidencia na maior parte das pessoas brancas brasileiras é aquela que desaprova publicamente o racismo, embora no âmbito privado não necessariamente não seja racista. Esse é um ponto importante a ser debatido para entender e distinguir quando e como um discurso contra o racismo pode se transformar verdadeiramente numa prática antirracista.

Lia Vainer Schucman, que se define como mulher, branca, paulista, de classe média, descendente de imigrantes judeus, oferece, em sua tese de doutorado,[16] uma grande contribuição para a ampliação e o entendimento do tema da branquitude, na perspectiva da psicologia social. Ela aborda os meandros das relações raciais com base em relatos de pessoas brancas, na cidade de São Paulo, atravessados por diferentes marcadores, como classe social, gênero, profissão, idade, entre outros.

Lia discute a "invisibilidade branca", que aparece entrelaçada à maneira como esse grupo racial enxerga a si. O estudo enfoca como as pessoas brancas se percebem como "universais", "o padrão", ou seja, pessoas brancas se vendo como referência de humanidade. Ao abrir diálogo com a psicologia de Vygotsky e com os estudos da antropóloga France Winddance Twine, Lia oferece caminhos para a desconstrução do racismo.

Ainda na trilha de buscar compreender a branquitude e a masculinidade no contexto brasileiro, uma pesquisa com homens brancos de classe média--alta do Rio de Janeiro, com idade entre 43 e sessenta anos, mostra que os entrevistados recordaram a figura da babá como uma pessoa afetivamente importante, com a qual viveram uma dimensão de intimidade e de carinho dentro do espaço privado da casa, representando parte do "status de classe", segundo a estudiosa Valeria Corossacz.[17]

Ela lembra que nas sociedades marcadas pela colonização europeia e pelo racismo, a condição de branco implica o acesso a uma série de vantagens sociais, econômicas e de status. Porém nem todas as pessoas definidas como brancas tiram proveito da branquitude do mesmo modo, pois ela varia segundo gênero, sexualidade, classe, religião, idade, nacionalidade, que precisam ser levadas em conta na análise etnográfica.

Edith Piza, outra pesquisadora branca que abordou a branquitude, destaca que a igualdade social é experimentada apenas entre iguais (de mesma classe e raça). Por essa razão, o discurso da igualdade na diferença não contém a "lógica" que pode ser constatada no cotidiano, e pode ser vista como uma tentativa de relativizar o poder branco, o que nem sempre interessa. "Ser branco é viver sem se notar racialmente, numa estranha neutralidade. [...] É o outro que é de cor." Assim, ela destaca que a branquitude pode gerar uma lacuna afetiva e moral.[18]

Piza fala sobre a questão da racialidade e da pobreza, salientando que suas entrevistadas brancas colocavam as colegas negras no lugar da pobreza, mesmo quando a situação econômica de ambas era similar. Ao comentar que sua família proibia a convivência com negras, uma entrevistada disse: "Não era por dinheiro, era moral. Porque dinheiro... a gente também não tinha dinheiro". A pobreza branca é "diferente" ou não faz parte da pobreza negra.

Por fim, a autora destaca ainda uma grande lacuna no discurso dos brancos referente à comunidade negra. Algo como "não vê, não sabe, não conhece, não convive". Em termos cognitivos, há um embotamento na capacidade de apreender e aprender com o outro.

6. RACISMO INSTITUCIONAL

Em 1992 comecei a escrever sobre racismo institucional, com a ressalva de que desde os anos 1960 líderes do movimento negro norte-americano discutiam a diferença entre a discriminação individual — por exemplo, atos de vandalismo provocados por brancos terroristas — e a discriminação institucional — como aquela evidenciada por altas taxas de mortalidade entre crianças negras, decorrentes de alimentação ou habitação inadequadas. Outras características da discriminação institucional são o seu caráter rotineiro e contínuo e o fato de variar entre aberta ou encoberta; visível ou escamoteada da visão pública.[1]

Entender esse processo e a maneira como as desigualdades de raça e gênero são engendradas no interior de instituições públicas e privadas sempre me interessou, então, como comentei na introdução deste livro, busquei em minhas pesquisas de mestrado e doutorado ouvir vozes brancas e negras no ambiente de trabalho. Dessa forma, meu mestrado e posteriormente o doutorado focaram duas instâncias fundamentais que se relacionam no interior das organizações — trabalhadores e trabalhadoras, de um lado; e lideranças intermediárias e profissionais de recursos humanos, de outro.

As pesquisas foram realizadas buscando recuperar, por meio de relatos da trabalhadora e do trabalhador negro, as práticas discriminatórias com as quais eles se defrontavam no ambiente corporativo e os mecanismos de resistência utilizados para se proteger ou combater essas ações. O trabalho referente a esse eixo se constituiu no mestrado, realizado na PUC-SP, sob a orientação da professora Fúlvia Rosemberg, num tempo em que eu já trabalhava no Conselho Estadual de Participação e Desenvolvimento da Comunidade Negra de São Paulo (CPDCN).

E a pesquisa com profissionais de recursos humanos e chefias intermediárias, geralmente responsáveis pela mediação das relações no cotidiano do trabalho, se constituiu na tese de doutorado, realizado na Universidade de São Paulo (USP), sob orientação da professora Iray Carone, quando eu já atuava no Centro de Estudos das Relações de Trabalho e Desigualdades (Ceert). Assim é que ambos se constituíram em dois eixos de um mesmo projeto, focados nos relatos sobre mecanismos e processos de operacionalização da discriminação racial no interior de instituições, que geram a exclusão, a sub-representação e o genocídio da população negra.

Como ponto de partida, eu utilizava a psicologia organizacional — campo do conhecimento multidisciplinar que trata do comportamento das pessoas e de grupos inseridos nas organizações. Esse conhecimento focaliza a relação pessoas-trabalho sob a forma de emprego. Nesse período eu atuava no Conselho Federal de Psicologia, na Comissão de Direitos Humanos, e no Conselho Regional de Psicologia em São Paulo, onde, com as psicólogas Edna Muniz e Marilda Castelar, foi possível organizar atividades com foco na dimensão subjetiva do racismo em ambiente de trabalho que geraram dois livros, o primeiro em 1999, intitulado *Ação afirmativa e diversidade no trabalho: Desafios e possibilidades*,[2] e no ano seguinte, *Inclusão no trabalho: Desafios e perspectivas*.[3]

E, de fato, a maneira como o racismo opera no ambiente de trabalho, por exemplo, no recrutamento e na seleção de pessoas negras, é um ponto delicado que exige toda nossa atenção, como já comentado nesta obra.

Durante minha pesquisa, entrevistei Moema, uma psicóloga organizacional e mulher branca. Quando falávamos sobre preconceito, ela declarou:

Dizer que eu não tenho preconceito é mentira, mas se for uma pessoa que eu acho que conhece o trabalho, que tem competência para aquele cargo, eu não vou ter nenhum tipo de problema. E o preconceito que eu falo seria mais, assim, em termos de um convívio muito estreito, talvez, sabe...

Moema desenvolve um trabalho que envolve a identificação e a avaliação da competência de candidatos para vagas disponíveis. Porém, reconhecendo seu preconceito, ela explicita a falácia do mito da neutralidade e da objetividade na seleção de pessoas, ao, de antemão, julgá-las inferiores. Não há regra na instituição que defina que não se contratam pessoas negras, mas no seu cotidiano, apesar do preconceito, é ela — ou profissionais como ela — que em processos seletivos têm papel decisivo na inserção de pessoas na organização.

Com isso, fica bem nítido como são complexos os processos de inserção de negras e negros no mercado de trabalho, pois a "neutralidade e objetividade" não são características de sociedades marcadas por preconceito e discriminação. Assim, a reflexão sobre branquitude nos processos de recursos humanos deve ter foco prioritário quando se desenvolve programas que visam ampliar a diversidade e a equidade.

Lembro-me de um caso relatado por meu irmão

anos atrás, quando ele assumiu a liderança da área de contabilidade de uma grande empresa. Entre as contratações que fez à época, estavam três pessoas negras, e um colega o questionou se ele pretendia "enegrecer a empresa". O fato é que, enquanto o departamento era composto exclusivamente de pessoas brancas, questionamentos sobre raça não existiam, mas bastou a contratação de três funcionários negros — no meio de quarenta brancos — para que se sentissem ameaçados.

Em um ambiente em que todas as pessoas são brancas, elas se identificam umas com as outras e se veem como iguais, membros de um mesmo grupo. Essa presença exclusiva de brancos, aliás, faz parte da realidade da maioria das organizações públicas, privadas e da sociedade civil. Quando isso é rompido pela presença de uma pessoa negra, o grupo se sente ameaçado pelo "diferente", que por ser na instituição ou no departamento a única pessoa negra, num país majoritariamente negro, expõe os pés de barro do "sistema meritocrático".

Se as instituições têm dificuldade com a inserção de negras e negros, o desafio se torna maior quando se trata da ascensão para a ocupação de cargos de comando ou de posições consideradas mais nobres. Isso pode ser constatado no caso de Mara, que durante uma entrevista para minha pesquisa, relatou o desconforto e a irritação na instituição em que trabalhava quanto aos negros que ascendiam:

> Era um tipo assim físico diferente dos outros negros, tipo assim mais altivo [...] acho que se posiciona até acima da gente... ele ultrapassa... acham ele um negro antipático porque ele é engenheiro... ele afrontou, agrediu mesmo pessoas, sabe? Ele invadiu uma área [engenharia] que ele não tinha direito. Não que eu tenho presenciado não, sabe?...

Os negros são vistos como invasores do que os brancos consideram seu espaço privativo, seu território. Os negros estão fora de lugar quando ocupam espaços considerados de prestígio, poder e mando. Quando se colocam em posição de igualdade, são percebidos como concorrentes, como afirmou nossa entrevistada acima.

Isso também pôde ser confirmado por Celso, um profissional negro: "Todos que passaram por lá [empresa] aprenderam comigo, a ponto do meu chefe [branco] falar que não ficava bem ele ir em reuniões técnicas como meu chefe". Ou seja, o chefe branco tinha consciência de que estava ocupando indevidamente o cargo, pois seu funcionário negro era mais bem preparado, mas ele era o comandante, e não abria mão dessa posição privilegiada. Esse fenômeno lembra a formulação de Edith Piza[4] sobre "lacuna moral", que é um marcador das relações de dominação e da branquitude enquanto uma consciência da usurpação que está na base da vivência do privilégio, mas que não altera o posicionamento do usurpador.

Quando pessoas ou grupos são colocados fora do limite em que estão em vigência regras e valores morais, podemos entender que a norma da afeição humana foi violada. A exclusão moral é marcada por um distanciamento psicológico e uma ausência de compromisso moral em relação aos que estão sendo expropriados ou excluídos. Eles estão fora do nosso universo moral e "autorizam" o exercício da maldade humana.[5]

Esse exercício torna as organizações perversas e não legítimas, e muitos estudiosos estudam esse fenômeno, como Eugène Enriquez, que fala do crescente mal-estar nas organizações.

Enriquez chama a atenção para o fato de que o termo "ética" vem aparecendo com força na linguagem e na prática das organizações e instituições modernas, sinal do mal-estar profundo que afeta a sociedade ocidental. Uma sociedade baseada na lei do lucro e da eliminação daqueles considerados mais fracos faz surgir as exigências éticas.[6]

A eliminação dos "mais fracos" pode ocorrer nos momentos de disputa sobre quem pode ocupar os lugares de prestígio e de comando nas instituições. Por isso, o território da ascensão profissional é um dos mais tensos, pois pessoas negras que chegam a posições de vanguarda ou de comando invertem a lógica de que pessoas brancas estejam sempre ocupando os lugares de liderança. Assim, essas pessoas negras em processo de ascensão nas organizações despertam receio, e é preciso trazer o tema "medo da perda de privilégios" para as reuniões institucionais para impedir que "a caneta da decisão" na mão dos incluídos interdite os negros.

Na atuação das instituições, a visão de mundo, concepções, metodologias de trabalho e os interesses do segmento que ocupa os lugares de decisão e poder se manifestam nas estruturas.

Regras, processos, normas, ferramentas utilizadas no ambiente de trabalho preferem e fortalecem silenciosamente os que se consideram "iguais", atuando sistemicamente na transmissão da herança secular do grupo, no fenômeno que viemos chamando de pactos narcísicos.

Em sociedades desfiguradas pela herança do racismo, a preferência de um mesmo perfil de pessoas para os lugares de comando e decisão nas instituições financeiras, de educação, saúde, segurança etc., precariza a condição de vida da população negra, gerando desemprego e subemprego, a sobrerrepresentação da população negra em situação de pobreza, os altos índices de evasão escolar e mal desempenho do alunado negro e os elevados percentuais de vítimas negras da violência policial.

Essa herança tem também sua dimensão simbólica, fazendo com que o perfil daqueles que lideram as organizações, que é majoritariamente masculino e branco, esteja sempre bem representado nos meios de comunicação, o que mantém um imaginário que favorece sua permanência em lugares da sociedade considerados mais prestigiados, bem como propicia a naturalização de outros grupos em posições de subordinação e desqualificação.

Esses processos e mecanismos caracterizam o que chamamos de racismo institucional, pois são ações em nível organizacional que independentemente da intenção de discriminar acabam tendo impacto diferencial e negativo em membros de um determinado grupo. Um exemplo comum são práticas informais que dificultam o acesso de trabalhadoras a experiências significativas para ocupação de funções de comando, bem como poucas oportunidades de participar de treinamentos de qualidade, ou de mentorias, gerando menor competitividade de ascensão para cargos de direção.[7]

Não é apenas por atos discriminatórios que se verifica se uma instituição é racista, mas também por taxas, números de profissionais, prestadores de serviço, lideranças e parceiros com perfil monolítico, em que não se vê a diversidade. Nas escolas, por exemplo, sempre professoras e gestoras brancas, brinquedos e livros didáticos, planos de aula, projetos político-pedagógicos que dialogam exclusivamente com a branquitude. É na organização da instituição, ao longo da história, que se constrói a estrutura racista. É na escolha exclusiva de perspectivas teóricas e metodológicas eurocêntricas que se manifesta a branquitude. Elementos da cultura negra e indígena, quando presentes no currículo, não são reconhecidos como tais ou estão estigmatizados.

O racismo institucional,[8] às vezes, se refere a práticas aparentemente neutras no presente, mas que refletem ou perpetuam o efeito de discriminação praticada no passado. O conceito de racismo institucional é importante, porque dispensa discussões sobre, por exemplo, se determinada instituição ou seus profissionais explicitam, na atualidade, preconceito contra negros e negras. O que importa são os dados concretos, as estatísticas que revelam as desigualdades.

E nas estatísticas sobre desigualdades no mercado de trabalho se constata uma invariável: mulheres negras ocupam a base da pirâmide, com os menores salários e cargos mais baixos.

A trabalhadora doméstica, nesse cenário, concentra muito da atenção de estudiosas e de organizações do movimento de mulheres negras pela presença majoritária de negras nessa função e pela precariedade de sua condição de trabalho e de vida.

7. O CASO DAS MULHERES

É a imagem da minha bisavó no tronco [...] eu não estou brigando hoje, eu estou praticamente vingando a minha bisavó, você entende? Quanto a isso, não tenho nem dúvida, minha luta é essa.

Sueli, trabalhadora doméstica

Sueli, uma forte e expressiva trabalhadora doméstica que se constituiu depois em liderança sindical, foi a responsável pelo título de minha dissertação de mestrado ser *Resgatando a minha bisavó*.[1] Convidada a falar sobre a vivência das relações raciais no cotidiano de trabalho, ela me ofereceu um relato profundamente emocionado a respeito de sua bisavó, que havia morrido "no tronco", com hemorragia no útero, depois de ter sido espancada. Sua história reporta à violência das relações entre escravocratas e escravizados em sua manifestação mais cruel, de tortura e morte, constituindo-se numa herança avassaladora na vida de Sueli.

Quando, anos depois, fui convidá-la para assistir à defesa de minha dissertação, ela estava hospitalizada, em tratamento de um câncer no útero, que ocasionou pouco tempo depois sua morte precoce. Diante dessa história tão profunda e contundente, se elucida o lugar da violência física, na herança de gerações de pessoas negras e brancas brasileiras.

Não foi apenas essa a herança de Sueli. O trabalho de doméstica remonta também a um espaço social que atravessa os séculos e bebe à fonte da escravidão. Mulheres negras responsáveis por cuidar, limpar e alimentar um lar.

O universo das trabalhadoras domésticas é o que mais concentra mulheres negras no Brasil. Em 2018, 6,2 milhões de pessoas do país tinham como ocupação o serviço doméstico remunerado, segundo estudo realizado por pesquisadoras do Instituto de Pesquisa Econômica Aplicada (Ipea) em 2019,[2] categoria que comporta não só as mensalistas, mas também diaristas, babás, cuidadores, motoristas, jardineiros ou quaisquer outros profissionais contratados para cuidar continuamente dos domicílios de seus empregadores, bem como de suas famílias. E 68% dessas trabalhadoras que desenvolvem o serviço doméstico remunerado eram mulheres negras, cujo perfil é de baixa escolaridade e de origem familiar de baixa renda. Trata-se de uma invariável desde o período da escravidão, revelando permanência nas mesmas atividades realizadas na cozinha da casa-grande, e muitas vezes recebendo tratamento similar ao que suas ancestrais receberam.

O que me lembra do que Gilberto Gil chama de "mão da limpeza" — "Na verdade, a mão escrava/ Passava a vida limpando/ O que o branco sujava [...] Eta branco sujão". Essa "mão da limpeza", fundamental para que a sociedade continue funcionando, marca a trajetória de muitas famílias negras, mas é um lugar social.

Exemplo desse fato hoje são as vozes de socialites tão similares às vozes da casa-grande de outrora, manifestando o desacordo com a ampliação de direitos das trabalhadoras domésticas que define períodos de descanso na jornada de trabalho: "Descansar uma hora, no meio do expediente, como, onde? Na sala, vendo TV?", pergunta a socialite.

Ao mesmo tempo ela comenta "tenho passado as noites em claro, apavorada, já que sou totalmente dependente de uma ajuda doméstica",[3] ou seja, ela reconhece a importância da trabalhadora doméstica, mas não seus direitos.

Cabe lembrar que são muitas as reações da classe média e alta diante da aprovação da "PEC das Domésticas",[4] bem como ao sancionamento da Lei Complementar nº 150/2015,[5] que equiparou os direitos trabalhistas das(os) empregadas(os) domésticas(os) aos dos trabalhadores rurais e urbanos no Brasil, que só ocorreu setenta anos depois do surgimento da Consolidação das Leis do Trabalho (CLT).[6] Essas conquistas ocorreram por conta de muita luta da categoria, que, organizada, exigiu seus direitos. Creuza Maria Oliveira, presidenta do Sindicato das Empregadas e dos Trabalhadores Domésticos (Sindoméstico) da Bahia, aponta que

> Muitos(as) empregadores(as) ainda veem as trabalhadoras como objeto. Exigem que fiquem confinadas por anos. Não podem adoecer, é como se não tivessem família. Não respeitam o direito de ir e vir. Se tiver marido, tá desempregado. Só tem ela pra pagar as contas. Como rejeitar?

É importante salientar que, na relação com a trabalhadora doméstica, a branquitude, como um lugar social diferenciado e de usufruto de privilégios, pode aparecer sem muito disfarce, como se observa na fala do ministro da Economia brasileiro, em 2020, que teve ampla divulgação pela grande mídia. Disse ele: "[…] em outros tempos, quando a economia brasileira estava melhor e o real mais valorizado, era uma 'festa danada', pois empregadas domésticas iam à Disneylândia".[7]

É como se o direito de viajar para a Disney fosse um privilégio reservado às classes média e alta. E o ministro arremata: "Vai para Cachoeiro do Itapemirim, vai conhecer onde o Roberto Carlos nasceu, vai passear o Brasil, vai conhecer o Brasil". Lélia Gonzalez já dizia que "o racismo se constitui como a sintomática que caracteriza a neurose cultural brasileira. Nesse sentido, veremos que sua articulação com o sexismo produz efeitos violentos sobre as mulheres negras em particular".[8] É o que ficou escancarado no caso das trabalhadoras domésticas.

Quando focalizamos o trabalho dentro de instituições públicas ou privadas, as situações guardam similaridades, como nos mostra Maria, uma recrutadora de pessoal negra, contando uma situação que vivenciou:

> Eu liguei pro senhor Pindorama e falei: "O senhor disse que havia duas vagas de montadoras, mas só aceitou uma das candidatas que encaminhei!". Ele falou: "Ah! dona Maria, a senhora não disse que uma era crioula!". Eu falei: "Pena que o senhor não tenha uma televisão no telefone pra me ver", e desliguei o telefone.

Situações como essa devem ser responsáveis pelos níveis de desemprego sempre mais altos entre as mulheres negras. Segundo Lélia Gonzalez,

> falar da opressão da mulher latino-americana é falar de uma generalidade que oculta, enfatiza, que tira de cena a dura realidade vivida por milhões de mulheres que pagam um preço muito caro pelo fato de não serem brancas.[9]

Essa exclusão pode ser observada igualmente no que diz respeito à ocupação de cargos executivos em grandes corporações, onde a situação é mais dramática, pois as mulheres negras estão fortemente sub-representadas (0,4%), além de possuírem a menor taxa de empregabilidade, segundo estudo do Instituto Ethos.[10] A condição da trabalhadora negra ganhou visibilidade já em meados da década de 1980 em textos publicados por mulheres, tais como: Sueli Carneiro e Thereza Santos,[11] Tereza Cristina N. Araújo, Lúcia Helena Garcia de Oliveira e Rosa Maria Porcaro,[12] pesquisadoras do Instituto Brasileiro de Geografia e Estatística (IBGE), Cida Bento e Luiza Bairros,[13] Fúlvia Rosemberg,[14] entre tantas outras autoras que apontaram as dificuldades enfrentadas por esse segmento no mundo do trabalho.

O feminismo negro já tinha sido anunciado no Brasil, em fins da década de 1970, por meio de feministas negras como Lélia Gonzalez, que iniciou as discussões sobre a mulher negra nas questões referentes a mercado de trabalho, educação e saúde; e a filósofa Sueli Carneiro, que cunhou a expressão "enegrecendo o feminismo" para discutir a emergência de um movimento com um olhar feminista e antirracista, que incorpora tanto as tradições de luta do movimento negro como a luta do movimento das mulheres, estruturando essa nova identidade política referente à condição específica do ser mulher negra.

O ponto de vista feminista é relevante também para o que a filósofa Djamila Ribeiro vem destacando como lugar de fala, um conceito que trata das condições sociais que permitem ou não que grupos acessem espaços de cidadania. É um debate estrutural, relacionado a um lugar social que certos grupos ocupam e onde a restrição de oportunidades é a regra.[15] A autora relaciona ainda lugar de fala à quebra do silêncio instituído para quem foi subalternizado, um movimento no sentido de romper com a hierarquia violenta.

Enfim, a literatura sobre o desafio enfrentado por mulheres negras vem crescendo muito nos últimos anos nas vozes de jovens feministas negras, assegurando visibilidade à urgência da mudança. Como assinala a jornalista Juliana Gonçalves: "É insurgente toda aquela que se revolta contra um poder estabelecido.

E, quando se trata de mulheres pretas, toda insurgência é um ato revolucionário".[16]

E a insurgência emerge em coletivos de mulheres negras espalhados por todo o país, que se expressam em intensas manifestações, tais como a Marcha das Mulheres Negras contra o Racismo, a Violência e pelo Bem Viver, que levou 50 mil pessoas negras a Brasília, em 2015.*

Entre os desdobramentos dessa luta, muitas mudanças vêm ocorrendo, embora nem no ritmo nem na amplitude que gostaríamos, mas vêm provocando a sociedade a pensar sobre relações sociais ancoradas no respeito à natureza e em novos valores civilizatórios.

Esses pactos reivindicados por organizações, por exemplo, pela Articulação de Mulheres Negras Brasileiras (AMNB), dialogam com o conceito do bem viver, que pleiteia relações mais respeitosas com a natureza e mais solidárias, justas e cooperativas entre os diferentes grupos que compõem a sociedade. Só assim

---

* Apesar disso, recentemente num respeitável jornal do campo progressista, uma intelectual branca se queixou do divisionismo que marcava os "movimentos identitários", alegando que enfraquecia a luta por uma sociedade mais justa. Era possível perceber, nessa argumentação contra "movimentos identitários", o conceito de que eram segmentos fora do território da "identidade referência", cuja condição de branca é de universalidade e de neutralidade.

será possível criar condições para estancar a violência que vem crescendo e se alastrando pelo país.

O assassinato de lideranças negras como o da parlamentar Marielle Franco, pela crueldade que o caracterizou e pela visibilidade que alcançou, foi um divisor de águas no sentido de obrigar o Brasil a olhar para si próprio enquanto país violento, conservador e leniente com a brutalidade cometida por parte de suas elites dirigentes. Como destacam Lúcia Xavier e Mônica Sacramento, da organização de mulheres negras Criola:

> Enquanto mulheres negras defensoras de direitos humanos correm riscos, é nossa democracia que está em perigo. Em nome de Marielle Franco e tantas outras, seguiremos exigindo a garantia à proteção de mulheres negras cis e trans na luta pelo direito do exercício da cidadania, da liberdade de expressão, da autonomia e da participação política.[17]

Quando esse assunto vem à tona, me lembro de quando, ao questionar uma pesquisadora branca a respeito da ausência de uma atividade discutindo a condição de mulheres negras em um seminário sobre trabalho, ela disse que mulheres negras têm uma história de vida tão dramática que isso ganharia uma "centralidade temática", deslocando a atenção para a mulher negra, quando o propósito do evento era discutir as questões de gênero e trabalho. Ou seja, o objetivo era focar a mulher genericamente. Enfim, tratar das desigualdades de raça e gênero no mundo do trabalho toca em pontos centrais da condição da população negra no Brasil, pois, como salienta Florestan Fernandes: "O trabalho lança raízes no Brasil através do trabalho escravo".[18] Assim, esse foi o foco principal a que um grupo de negras e negros se dedicou, em 1990, a partir da criação do Ceert.

8. ENFRENTANDO OS DESAFIOS:
Ceert

Poucos anos antes da criação do Ceert, o Brasil vivia um clima de grande mobilização política, pois era 1988, ano em que foi promulgada a Constituição Cidadã e o país completava um século da data da abolição formal da escravatura, período em que amplos debates se davam em diferentes áreas do conhecimento.*

* O Ceert nasce em um período bastante fértil para o avanço dessa luta no Brasil, que corresponde ao fim da década de 1980 e os primeiros anos da década de 1990, quando se constituíram várias organizações da sociedade civil voltadas para a questão dos direitos humanos, que provocaram a sociedade a pensar sobre relações sociais ancoradas no respeito à natureza e em novos valores civilizatórios. Nos anos anteriores a 1988, a sociedade brasileira se movimentava em torno da construção da nova Constituição

Importante destacar que já em 1985 lideranças negras haviam assegurado a presença de um negro, o professor Hélio Santos, presidente do Conselho da Comunidade Negra do Estado de São Paulo, na Comissão Provisória de Estudos Constitucionais, a chamada Comissão dos Notáveis, ou Comissão Afonso Arinos, na qual cerca de cinquenta pessoas do país iriam elaborar o projeto de Constituição. No ano seguinte, em 1986, duas mulheres

Eu já havia me afastado da Companhia Energética de São Paulo (Cesp), onde era liderança na área de recursos humanos, e iniciava meu novo trabalho no Conselho Estadual de Participação e Desenvolvimento da Comunidade Negra de São Paulo (CPDCN).[1] Foi a partir do Conselho que concretamente um pequeno grupo de ativistas começou a trabalhar com as relações raciais e de gênero no mundo do trabalho. Embora o Conselho fosse um órgão com a maioria de pessoas negras, as organizações públicas ou privadas com as quais ele se relacionava, no mundo do trabalho, eram lideradas por pessoas brancas.

Assim, era necessário organizar ou produzir estudos sobre o tema para subsidiar o debate ou processos de formação. Com isso, vídeos e cartilhas sobre a situação do trabalhador e da trabalhadora negra foram elaborados para a formação de dirigentes sindicais

---

negras, com assento no Conselho Nacional dos Direitos da Mulher — Benedita da Silva e Lélia Gonzalez —, participaram do Encontro Nacional Mulher e Constituinte. Vale salientar o protesto de Benedita da Silva quando disse: "Estamos reclamando o direito à cidadania. Somos legítimas representantes daquelas que, em silêncio, possibilitaram que os senhores [dirigindo-se aos deputados] estejam sentados aí". No texto da Constituição de 1988, a principal conquista do movimento negro foi a tipificação do racismo como crime inafiançável e imprescritível, possibilitando a implementação de dispositivos legais relacionados ao combate ao racismo e à redução de desigualdades no Brasil.

e foram realizadas simultaneamente intervenções no âmbito das políticas públicas na Secretaria Estadual do Trabalho. Com as empresas, naquele período, a interlocução era apenas embrionária.

Nos processos de formação com o movimento sindical, era frequente a realização de dinâmicas de grupo para discutir as desigualdades raciais brasileiras, e numa delas costumávamos perguntar: "O que significa ser uma pessoa negra ou branca no Brasil?".

As negras frequentemente reconheciam que havia uma diferença no tratamento que a sociedade lhes dispensava, mas as brancas respondiam: "Ser branca significa ser uma pessoa como outra qualquer! Significa ser humano". Pelas respostas era possível perceber que as brancas não se pensavam como brancas, mas sim como um ser humano universal.

Parcela expressiva da esquerda brasileira, presente em segmentos do movimento sindical, passou muitos anos sem debater as relações raciais no país, e essa omissão prosseguiu durante a segunda metade do século passado.[2] Os trabalhadores brasileiros eram representados como homens brancos e europeus.

Nesse período, as três centrais sindicais brasileiras (Comando Geral dos Trabalhadores — CGT, Força Sindical e Central Única dos Trabalhadores — CUT) se unificaram em torno de propostas para a equidade racial, organizando com o Ceert duas conferências interamericanas (Salvador/ 1994 e Washington/ 1995) com a participação da maior central norte-americana, a American Federation of Labor & Congress of Industrial Organizations (AFL-CIO, Federação Americana do Trabalho e Congresso de Organizações Industriais, em português), do Congress of South African Trade Unions (Cosatu, Congresso dos Sindicatos Sul--Africanos, em português) e da Organização Regional Interamericana de Trabalhadores (Orit).[3] Na mesma época, foi criado o Instituto Sindical Interamericano pela Igualdade Racial (Inspir).*

Muitas categorias foram envolvidas, como a dos Químicos e Plásticos de São Paulo, dos Metalúrgicos do ABC, dos Bancários, entre outros. As cláusulas de reserva de vagas para negros e negras em empresas foram ganhando relevância e, alguns anos depois, estavam em pauta em quinze mesas de negociação. Na convenção de trabalhadores no comércio do estado de São Paulo, por exemplo, foram garantidos 30% dos postos de trabalho para trabalhadores não brancos.[4]

Mas cabe assinalar que no movimento sindical, mesmo no seu segmento mais progressista, se coloca-

* O Inspir tinha como meta capacitar dirigentes sindicais e fornecer subsídios para o combate ao racismo e a promoção da igualdade racial na sociedade e especialmente nos empregos. Ver mais em: <www.inspir.org.br>.

va o mesmo desafio da supremacia masculina e branca, que precisava ser desmantelada como em outras instituições brasileiras.

Recordo um fato que ocorreu num processo de formação sobre raça e gênero para dirigentes sindicais. A certa altura do curso, um dirigente comentou: "Mas dois corpos não ocupam um mesmo lugar ao mesmo tempo, não é?". Fiquei olhando-o em silêncio e pensando por que ele me dizia o óbvio. Mas aí, ele constrangidamente complementou: "Claro que a maioria das altas posições nas centrais sindicais são ocupadas por homens e brancos, mas se começam a entrar só dirigentes sindicais negros, os dirigentes sindicais brancos vão minguar, né?…".

Ou seja, o desconforto era evidente mesmo nos territórios onde a igualdade de oportunidades fazia parte do ideário e do discurso daqueles que comandavam as instituições.

No trabalho que realizávamos com a Secretaria do Emprego e Relações do Trabalho, ou com o Ministério do Trabalho, o entendimento era igualmente o de que políticas para pobres dariam conta de eliminar as desigualdades raciais, uma perspectiva persistente no âmbito das políticas públicas.[5]

Assim é que eu, que tinha experiência em RH de

empresas; Ivair Augusto dos Santos,* que atuava em políticas públicas como vice-presidente do Conselho; e Hédio Silva Júnior,** liderança do movimento sindical; nos unimos para provocar debates com instituições sobre discriminação racial no trabalho, como ocorreu, por exemplo, no I Encontro Estadual de Sindicalistas Negros e no I Seminário sobre Relações Raciais no Trabalho, envolvendo a Secretaria do Trabalho, as centrais sindicais e empresas, entre 1987 e 1990. Muitos outros profissionais e militantes negros foram se juntando a nós, assim como organizações negras se articularam para que esses e outros projetos fossem desenvolvidos no Conselho, possibilitando o salto para um novo desafio, já que se tratava de um órgão público que tinha algumas limitações no tratamento do tema das desi-

---

* Cofundador do Ceert, militante do movimento negro em São Carlos, morou em Angola. Participou de um projeto da Unesco para o desenvolvimento do ensino de ciências. Foi cocriador do Conselho de Participação e Desenvolvimento da Comunidade Negra do estado de São Paulo. Trabalhou na Coordenadoria Especial do Negro, órgão da Prefeitura de São Paulo. Atuou na Secretaria de Justiça e Cidadania, hoje Secretaria Especial de Direitos Humanos, tendo como principal bandeira a implantação de políticas de ação afirmativa.

** Cofundador do Ceert, ex-metalúrgico e sindicalista, doutor e mestre em direito pela PUC-SP e advogado do Instituto de Defesa dos Direitos das Religiões Afro-brasileiras (Idafro). Foi secretário de Justiça do Governo do Estado de São Paulo.

gualdades raciais no trabalho. Dessa forma, decidimos pela mudança de trajetória, em busca de mais autonomia, e então viabilizamos em 1990 a criação do Ceert.* Inicialmente instalado na edícula de uma organização não governamental chamada Instituto Brasileiro de Estudos e Apoio Comunitário (Ibeac),** o Ceert só comprou a sua própria sede, em Santana, aproximadamente dez anos depois. Até que conseguíssemos comprar a sede própria, vivemos vários períodos de dificuldades e num deles foi necessário levar móveis e equipamentos para um cômodo na casa de meus pais, no bairro da Casa Verde, e lá ficamos até que tivéssemos condição de nos instalar em um novo espaço físico para trabalharmos. Esse, dentre tantos outros acontecimentos, me lembra a expressão "rede de afetos", que se refere a territórios onde amigos, familiares, parceiros se articulam no processo de construção e manutenção de projetos de organizações negras.

* A missão do Ceert é a defesa de direitos da população negra, a produção de conhecimento, o desenvolvimento e a execução de projetos voltados à promoção da igualdade de raça e de gênero. Seu foco de ações é relações raciais no trabalho, educação, juventude negra e justiça racial.
** O Instituto Brasileiro de Estudos e Apoio Comunitário (Ibeac) foi criado na cidade de São Paulo em 1981 e tem como foco a potencialização de direitos, educação e oportunidades para comunidades vulneráveis.

Enfim, vale salientar que o desejo de enfrentar a gravidade da exclusão ou sub-representação negra no trabalho impulsionou nossa atuação, de forma que, dois anos depois, o Ceert e a CUT, juntamente com as demais centrais sindicais e em parceria com organizações do movimento negro, denunciaram o Brasil, em Genebra, por descumprimento da Convenção 111 da Organização Internacional do Trabalho (OIT),[6] que trata de equidade na ocupação e no emprego. Essa denúncia deflagrou, a partir de 1996, uma série de ações governamentais no campo da equidade racial, que gerou núcleos voltados ao tema no Ministério do Trabalho e em delegacias regionais do trabalho[7] de vários estados brasileiros. Uma conquista importante naquele processo foi a inclusão do quesito raça/cor na Relação Anual de Informações Sociais (Rais) e no Cadastro Geral de Empregados e Desempregados (Caged), o que influenciou as análises estatísticas do mercado de trabalho.

Bom lembrar também que poucos anos após a criação do Ceert, em 1995, ocorreu a Marcha 300 anos da Imortalidade de Zumbi dos Palmares: Marcha contra o Racismo, pela Igualdade e pela Vida,[8] em Brasília, que mobilizou 30 mil negros de todo o Brasil. Participamos intensamente da organização da Marcha, bem como da escrita de um documento, entregue ao presidente da República, que reivindicava políticas públicas de equidade racial: "Não basta [...] a mera abstenção da prática discriminatória: impõem-se medidas eficazes de promoção da igualdade de oportunidade e respeito à diferença [e] adoção de políticas de promoção da igualdade".[9]

A participação na construção dessa Marcha e das outras que se sucederam propiciou uma compreensão mais aprofundada e ampla da força que tinha que ser dispendida pelo movimento negro para derrubar o mito da democracia racial, apregoado pelas elites brancas do país. Na falácia de que o Brasil era o "país da democracia racial", estava a ideia de que as oportunidades eram iguais para todos, e, dessa forma, aqueles que não conseguiam êxito eram incompetentes ou despreparados. Nestes residiria o problema, e não na sociedade e em suas instituições.

O pesquisador Carlos A. Hasenbalg[10] chamava atenção para o fato de que a perspectiva da democracia racial ofereceu uma justificativa que isenta a sociedade branca da responsabilidade sobre a discriminação racial (elemento fundante da branquitude) e, por conseguinte, culpabiliza a população negra.

O trabalho de combate ao mito da democracia racial e de promoção da equidade racial em instituições ganhou muita força com a III Conferência Mundial de Combate ao Racismo, Discriminação Racial, Xenofobia e Intolerância Correlata, que ocorreu em 2001, na África do Sul,[11] na qual participamos ativamente, já que o Ceert recebeu e fez a gestão dos recursos que vieram da Fundação Ford e que deveriam contribuir para a preparação e participação das organizações negras na Conferência. No processo de preparação da Conferência, ocorreram muitas reuniões em diferentes partes do mundo, mas uma delas me chamou a atenção. Estávamos reunidos em Durbin quando as organizações de afrodescendentes de países da América Latina, do Caribe e da África, intensificaram o debate sobre as reparações que a Europa deveria fazer aos países que colonizou. Os países europeus levantaram-se e se retiraram, pois se recusavam formalmente a falar de reparação. Igualmente se retiraram Israel e Estados Unidos, tendo em vista que, no documento da Conferência, sionismo estava sendo tratado como uma forma de racismo.[12]

O Brasil havia levado a maior delegação do mundo para a Conferência, fruto dos encontros e de debates de organizações e lideranças negras que ocorreram nas cinco regiões do país, e, a partir dela, houve um impulsionamento das ações afirmativas.

No documento assinado pelo Estado brasileiro,[13] ao final da Conferência, foi definida, entre tantas outras, a obrigatoriedade da coleta do dado cor/ raça nos sistemas de informação públicos e privados. Essa definição foi fundamental para impulsionar as instituições do país a avançar nos diagnósticos sobre a situação da população negra em diferentes áreas, como saúde, educação, trabalho, moradia, violência e tantas outras, favorecendo a defesa e a construção de políticas públicas.

Essa conquista foi particularmente importante para o Ceert, o qual tinha definido desde sua fundação que era uma instituição de pesquisa e intervenção. Assim, com o passar dos anos, essa perspectiva foi sendo robustecida no sentido de propiciar a realização de diagnósticos da equidade dentro das instituições públicas ou privadas, e a partir dele elaborar conjuntamente planos de ação para incidir no ambiente de trabalho, tornando-o mais equânime. O Ceert se tornou referência na realização desse trabalho no Brasil.[14]

Esse método tem como uma das ferramentas importantes o Censo da Diversidade,* concebido e liderado por Mário Rogério,[15] instrumento fundamental para analisar a demografia de uma organização, localizando onde estão homens, mulheres, negras e negros, pessoas

---

* Instrumento de gestão que foi utilizado pelo Ceert, inicialmente em órgãos públicos, em parceria com Matilde Ribeiro e Luiza Bairros — que posteriormente viriam a se tornar ministras da Secretaria de Igualdade Racial dos governos Lula e Dilma. Identifica diferenças de cargos, de salários, de oportunidade de inserção, capacitação, mentorias e promoções, visando identificar obstáculos e alavancadores da equidade.

com deficiência, LGBTQIA+, mostrando quais as diferenças de cargos e salários, de oportunidades de treinamento, promoção, mentorias, de ocupação de cargos de liderança e de vanguarda. A partir da análise desses dados, construímos conjuntamente um plano de ação, que define metas e foca a mudança de programas, processos e ferramentas que sustentam a desigualdade no interior das instituições.

Em um dos primeiros estudos que o Ceert fez, em 1996, ocorreu um fato que vale a pena relatar. Estávamos já no meio do projeto "Oportunidades Iguais para Todos" da Prefeitura de Belo Horizonte, e tínhamos uma reunião com lideranças médicas. Eu e a psicóloga Edna Muniz[16] saímos de São Paulo para a realização da reunião com uma apresentação que havíamos preparado sobre censos, a importância do dado cor/raça/ etnia nos cadastros, conceitos sobre discriminação etc. Fomos do aeroporto em Belo Horizonte direto para o prédio da instituição, mas conseguimos chegar só até a antessala de onde se daria a reunião. As lideranças médicas lá reunidas para o encontro já haviam conversado e solicitaram que fossemos informadas que "os médicos iriam continuar a utilizar, como sempre fizeram, as categorias 'caucasoide' e 'negroide' e que isso era o suficiente". Nem se deram ao trabalho de falar conosco.

Eu e Edna ficamos um longo tempo sentadas,

olhando a secretária que nos trouxe a informação, e dali retornamos a São Paulo, quase em silêncio. Assim, tantas outras vezes tivemos que lidar com a arrogância das lideranças constituídas, que podendo impedir o avanço desse debate dentro das instituições o faziam. Obviamente entendiam que não se tratava apenas da inclusão do item cor/ raça nos cadastros, mas que as perspectivas conceituais, metodológicas e também econômicas e sociais da organização poderiam ser alteradas com o aprofundamento da análise dos dados sobre equidade na saúde.

9. PROJETOS DE TRANSFORMAÇÃO

> [...] *as identidades raciais não são ape-*
> *nas negra, latina, asiática, índia norte-*
> *-americana e assim por diante; são também*
> *brancas. Ignorar a etnicidade branca é*
> *redobrar sua hegemonia, tornando-a*
> *natural.*
>
> David Roediger[1]

Experiências como a que vivemos em Belo Horizonte corroboram o relato de profissionais que trabalham no campo da diversidade em organizações, que dizem que a equidade racial nas instituições é aquela que, até poucos anos atrás, mais suscitava resistências no Brasil.

É possível observar essa dificuldade de tratar do tema das desigualdades raciais em um estudo realizado por Daniel Teixeira,[2] que aponta que as cinquenta grandes empresas consideradas com melhor desempenho pela revista *DiversityInc*, em 2014, revelaram possuir políticas para inserção e ascensão de negras e negros em suas matrizes, porém suas filiais brasileiras focalizavam, quase exclusivamente, programas relacionados a gênero e pessoas com deficiência. Assim, a diversidade nessas multinacionais aparecia de maneira limitada, não considerando a dimensão estrutural da desigualdade racial, principalmente em intersecção com gênero.

Na atualidade, experiências interessantes no campo de políticas de diversidade e equidade de raça e gênero já se realizam no Brasil, ainda que de maneira pontual, mas num processo crescente.

Uma das concepções de base que orienta nosso trabalho é a de que políticas de diversidade, em organizações públicas, privadas ou da sociedade civil não fazem sentido quando aparecem apenas como diferença — diferença de visões de mundo, de ideias, de aparências, ou seja, uma ideia de diversidade desarticulada da desigualdade social. O termo "diversidade" pode se transformar em armadilha, pois são abundantes os estudos que mostram que raça e gênero são estruturantes no quadro de desigualdades brasileiras, e, sendo assim, diversidade não pode servir para relativizar "todos sofrem algum tipo de discriminação e vamos combater todas as formas disso".

Claro que devemos combater todas as formas de

discriminação, mas temos que diferenciar aquelas cuja violência está na base de um verdadeiro genocídio, como o que observamos cotidianamente com relação à população negra. Ela se manifesta em diferentes esferas e em todas as etapas da vida, começando na educação infantil, como mostram diversos estudos sobre este tema.

O impacto da discriminação racial na vida de crianças e adolescentes negros se evidencia na evasão escolar, sempre maior para esse grupo, e também no desempenho educacional prejudicado por diferentes fatores, dentre eles a qualidade das escolas frequentadas por esse grupo, a qualidade dos materiais e equipamentos disponíveis, o acesso a internet, enfim, uma situação de desigualdade que ficou escancarada na pandemia de covid-19. Em razão deste contexto, em 2002 o Ceert implementou o projeto "Prêmio para a Igualdade Racial e de Gênero", buscando identificar, fortalecer e disseminar boas práticas pedagógicas e de gestão na educação básica de todo o país. Em sete edições, a iniciativa possibilitou a construção de um acervo de 3 mil práticas oriundas de 1100 municípios brasileiros, num processo que envolveu publicação de livros e textos, e formação para professores e gestores, na qual um dos temas centrais era a maneira como a escola lida com questões como diferença, desigualdade e diversidade.

De fato, falar em políticas de *diversidade e equidades*, é abordar algo que vai além da variedade de aparências, histórias e culturas. Trata-se de valores atribuídos aos diferentes grupos, à sua cultura e história, gerando estigma, preconceito, racismo e discriminação, ou seja, estamos falando de julgamento de valor.

O diverso, o diferente, é definido a partir da comparação com o branco, que é considerado "a referência", "o universal". Tudo que se afasta dessa referência, ou "modelo", pode ser considerado inapropriado[3] e provoca exclusão e discriminação seja na educação, no trabalho ou em outras esferas da vida.

Vivenciei uma situação inusitada quando uma jovem negra, falando das dificuldades que vinha encontrando para conseguir um cargo de liderança, a despeito de sua experiência (fluente em três idiomas, pós-graduada na área de negócios na principal universidade de São Paulo que prepara lideranças, com experiência em cargo de comando), ouviu da consultora de recursos humanos que o seu perfil nas redes profissionais era muito "descolado" (cabelo crespo, volumoso, roupa colorida), e que o cabelo liso e roupas mais "sóbrias" poderiam ser mais apropriados e favoreceriam que ela encontrasse uma oportunidade qualificada de trabalho. Em face desse comentário, talvez pudéssemos concluir que as empresas não precisam mais ter centros de treinamento para lideranças. Basta que tenham cabelereiros(as) que alisem os cabelos dos candidatos a postos de liderança que estes já estarão preparados para liderar. Se não fosse trágico, seria cômico.

Essa irracionalidade de considerar o tipo de cabelo e a vestimenta de uma candidata para definir sua adequação ou não a uma posição de liderança expõe o "sistema meritocrático" que gera preferência por mulheres brancas e exclusão de mulheres negras para funções mais qualificadas.

Escrevi uma matéria há alguns anos cujo título era: "As mulheres negras vão libertar as mulheres brancas da escova progressiva". O cabelo assimétrico, volumoso, incomoda quem se esforça tanto para manter o cabelo alinhado, aquilo que entendem como "perfil europeu". Além do que, pode não se tratar só da libertação da escova progressiva, mas também de outras amarras. O cabelo volumoso, indisciplinado, pode evidenciar uma provocação para outro jeito de ser no mundo ou, quem sabe, para uma concepção plural das possibilidades de estar no mundo. De qualquer forma, reflete um perfil menos responsivo a um estereótipo de "boa aparência", eurocêntrico e engessado.

Enfim, sempre bom lembrar o quanto o cabelo da mulher negra é emblemático de um incômodo que não tem a ver tanto com o cabelo, mas sim com o que representa a presença negra nos espaços que a branquitude considera exclusivamente seus.

Assim é que urge definir e implementar políticas concretas de "equidade", relacionadas à gestão democrática, com seus mecanismos e tecnologias modernas de comunicação e participação, para mudança desse cenário. Nesses programas, a equidade deve aparecer como um valor na definição da missão da organização, seja ela pública, seja privada, bem como essa preocupação deve estar evidente nos princípios que orientam sua existência.

Uma política de diversidade e equidade exige que se identifique sinais de discriminação nas normas, nos processos e nas ferramentas utilizados para selecionar pessoas para inserção e ascensão profissionais. As situações de discriminação em ambiente de trabalho não aparecem como se fossem propriamente atos de racismo, porque seria um descumprimento da lei que define que racismo é um crime inafiançável, imprescritível, então vão aparecer de outra maneira.

Dessa forma é imprescindível realizar diagnósticos que permitam analisar e comparar trajetórias ocupacionais a partir de diferença de cargos e salários, oportunidades de desenvolvimento, promoção e mentorias. É fundamental elencar as ações afirmativas em curso nas empresas. É necessário estabelecer indicadores; definir metas de sistemas de monitoramento e periódicos de informações demográficas do quadro de lideranças e de pessoal de toda a organização, relativas a gênero, cor/ raça, orientação sexual, deficiência etc.

Essa política deve observar ainda como a diversidade se reflete no quadro de fornecedores das organizações, como se manifesta nos serviços e nos produtos que ela oferece e na relação com clientes e com a comunidade de entorno. A partir do diagnóstico, se podem realizar debates sobre os resultados obtidos, de forma a construir um plano de ação com metas, passos concretos a serem atingidos e monitorados periodicamente pelas diferentes áreas da organização.

Esse processo exige que lideranças, gestores e todo o quadro de trabalhadores e trabalhadoras sejam envolvidos em programas de treinamento para receber e discutir informações sobre desigualdades na sociedade brasileira e na organização onde trabalham.

E é preciso lembrar que resistências sempre surgirão, e algumas se apoiam na mesma lógica: vamos ter que *flexibilizar os critérios de seleção* ou, ainda, vamos ter que *baixar a régua*, dizem as lideranças diante de programas de ações afirmativas que visam acelerar a inserção ou ascensão de pessoas negras nas organizações.

É como se a presença de pessoas negras fosse diminuir a qualidade da instituição. Esse tipo de reação nos reporta aos argumentos principais de resistência utilizados no período de implantação de ações afirmativas no ensino superior. A redução da excelência das universidades ocorreria com o aumento da presença negra.

Mas os argumentos foram todos derrubados por diversos estudos, tais como os de Jacques Wainer e Tatiana Melguizo,[4] que utilizaram dados do Exame Nacional de Desempenho dos Estudantes (Enade), de mais de 1 milhão de estudantes — isto é, um terço do total de alunos do ensino superior formados entre 2012 e 2014 —, e comprovaram que não há diferença prática entre o conhecimento de alunos cotistas e não cotistas ao final do curso, bem como não há diferença entre o conhecimento de alunos cotistas por razões raciais ou sociais e o de seus colegas que não são cotistas.

Destacam, ainda, que também não há diferença de conhecimento ao final da graduação entre alunos que receberam empréstimo pelo Fundo de Financiamento ao Estudante do Ensino Superior (Fies) e seus colegas de classe que não receberam. Por fim, demonstram que alunos que receberam bolsa do Programa Universidade para Todos (Prouni) têm apresentado desempenho superior se comparado aos demais.

Assim como a ampliação da presença negra não diminuiu o nível de excelência das universidades, os estudos relacionados ao mundo do trabalho revelam dados muito parecidos.

Empresas com índices altos de diversidade de raça (ascendência africana, do Oriente Médio, asiática, indígena, latina, europeia) têm 35% mais probabilidade de obter resultados acima da média em seu ramo.[5] Investigação recente da McKinsey & Company[6] sobre diversidade corporativa na América Latina indicou que as empresas que adotam a diversidade têm mais chance de alcançar uma performance financeira superior se comparada às que não adotam.

O estudo foi realizado com cerca de 4 mil funcionários e mais de trinta executivos seniores de empresas líderes, envolveu setecentas grandes empresas de capital aberto, abrangendo todas as principais indústrias sediadas no Brasil, no Chile, no Peru, na Argentina, na Colômbia e no Panamá.

O argumento de que as organizações vão perder a excelência por conta da ampliação da presença negra é um clichê que continua sendo repetido. Nesse sentido, urge a inserção de ações afirmativas concretas nos ambientes de trabalho para efetivamente mudar este imaginário.

E é aí que outros desafios se colocam, pois especialistas que lideram a implementação de programas nas organizações para a diversidade muitas vezes são pessoas negras em posição de saber e poder, a quem cabe orientar a instituição sobre que ações necessita desenvolver para se tornar mais equânime e diversa.

E então pode ocorrer um "curto-circuito", pois a mudança na hierarquia de quem detém o saber e o poder muitas vezes provoca reações que podem estar relacionadas ao que a estudiosa Robin DiAngelo[7] definiu como fragilidade branca.

Essa fragilidade é apontada por ela como um estado inerente à branquitude, no qual o estresse racial se torna intolerável para as pessoas brancas. Quando incitadas ao debate racial, nessa perspectiva, as pessoas tendem a reagir defensivamente e a responder com raiva, medo e culpa.

Algumas situações que causam reações de autodefesa nas pessoas brancas e que costumamos constatar em organizações que estão utilizando ação afirmativa são:

- Dificuldade de as pessoas brancas reconhecerem que o acesso a oportunidades e recursos é diferente para vários grupos raciais. Ou seja, não querem questionar o mito da meritocracia.
- Deparar-se com pessoas negras em posição de liderança. Isso desafia a autoridade branca.
- Participar de atividades em que pessoas negras falam de racismo de maneira direta, desnudando os códigos da branquitude.
- Serem racializadas, já que pessoas brancas se veem e são vistas como universais.

Outros fatores reforçam e perpetuam essa fragilidade, entre eles: a autossegregação de pessoas brancas, em seus bairros, escolas, clubes, empresas; e a arrogância racial que as impede de aprender e falar de raça e racismo de maneira mais frequente e aprofundada.

Fúlvia Rosemberg, intelectual que foi fundamental em minha trajetória pessoal e profissional, já citada aqui, lembrava que muitas pessoas negras, por causa das vivências e dos debates sobre racismo, se transformavam em especialistas sobre o tema, o que tornava frágeis os argumentos da população branca ao tentar contra-argumentar.

É nesse sentido que, mesmo quando as mais altas lideranças organizacionais definem que a política de diversidade e equidade é pra valer, as resistências emergirão.

Qualificar e manter vivas as vozes pela equidade e diversidade em organizações públicas e privadas da sociedade civil pode colaborar para a construção da democracia em outras questões que envolvem a sociedade, dificultando a instauração de sistemas políticos, econômicos e sociais em que o pensamento único seja a regra.

Múltiplas instituições, como empresas midiáticas, organizações do sistema financeiro, segmentos do Judiciário, do Executivo e do Legislativo, são apoio fundamental para a instauração de regimes violentos e totalitários, como pudemos ver em sucessivos golpes vivenciados no mundo e também no Brasil. E essas mesmas organizações podem ser vanguardas na transformação do cenário de desigualdades.

Para o secretário-geral da ONU, António Guterres, no 20º Aniversário da Declaração e Plano de Ação de Durban, em 2021, "Xenofobia, misoginia, conspirações odiosas, supremacia branca e ideologias neonazistas estão se espalhando — ecoando em espaços de ódio".

Muito antes da declaração de Guterres, em 2004, Kofi Annan, que também foi secretário-geral da ONU, já chamava a atenção de CEOs de grandes instituições financeiras para a importância de integrar os fatores sociais, ambientais e de governança no mercado de capitais, que ficaram conhecidos como ESG, sigla de Environmental, Social and Governance.[8]

Nos últimos anos, o ESG ganhou mais força e visibilidade após as recentes mortes pela polícia de George Floyd, Breonna Taylor, Jacob Blake e muitos outros, intensificando as pressões do movimento Black Lives Matter e de outros grupos para que investimentos financeiros foquem empresas que tomam medidas concretas para lidar com a injustiça racial nos Estados Unidos e que fortaleçam organizações que lutam pela equidade.

Em 2018, a National Association for the Advancement of Colored People (NAACP, Associação Nacional para o Progresso de Pessoas de Cor, em português) anunciou o lançamento do NAACP Minority Empowerment Exchange-Traded Fund, que classifica as empresas com base em seu compromisso com a diversidade e a inclusão, exigindo investimento socialmente consciente focado no antirracismo.

O Ceert vivenciou, em 2007, uma experiência que poderia ser classificada como auditoria de equidade racial, no emblemático e complexo setor bancário brasileiro. Esse trabalho foi realizado, após licitação, como consultoria técnica.

O processo havia se iniciado em 2003, quando, provocado por organizações dos movimentos negro e sindical, o Ministério Público do Trabalho ajuizou ações civis públicas contra os cinco maiores bancos privados com atuação nacional, por discriminação contra negros e mulheres, pleiteando que essas instituições adotassem políticas de promoção da igualdade racial e de gênero. Já na Convenção Coletiva de Trabalho 2000/2001, o tema "Igualdade de Oportunidades" havia sido inserido nas negociações coletivas.

Em decorrência dessas iniciativas, o Ceert realizou em 2008 o Censo de Diversidade e Equidade, envolvendo aproximadamente 400 mil funcionários no território nacional; sistematizou boas práticas e fez uma pesquisa com as áreas de recursos humanos, o que gerou um plano de ação para implementar o programa "Valorização da Diversidade" no segmento.

Esse trabalho foi uma construção compartilhada e acompanhada pela Confederação Nacional dos Trabalhadores do Ramo Financeiro (Contraf), Ministério Público do Trabalho (MPT), Comissão de Direitos Humanos e Minorias da Câmara dos Deputados, organizações da sociedade civil, entre outras instituições. Dois outros censos foram realizados posteriormente, atendendo a cláusulas da Convenção Coletiva de Trabalho (2012/2013).

Outras iniciativas com coletivos de organizações vêm sendo desenvolvidas pelo Ceert, como no caso da Aliança Jurídica, que envolve mais de uma dezena dos maiores escritórios de advocacia do Brasil, ou, ainda, o trabalho em parceria com o Pacto Global das Nações Unidas, no programa Equidade é Prioridade, que visa ampliar a equidade e a diversidade nas instituições brasileiras. Instituições mais equânimes e mais diversas, sejam elas públicas, privadas ou da sociedade civil, têm mais condições de valorizar a multiplicidade de visões de mundo, de culturas e, justamente por serem ambientes mais democráticos, podem identificar e recusar sistemas totalitários.

Enfim, como nos lembra Milton Santos, "a enorme mistura de povos, raças, culturas, gostos, em todos os continentes [...] [é] a 'mistura' de filosofias, em detrimento do racionalismo europeu".[9]

10. O MOMENTO PRESENTE

O quiosque te foi masmorra, Möise
Por instantes de tortura
Agora estás na história
Com milhões de injustiçados
Pela fúria dos covardes
Desde Zumbi dos Palmares
Aos meninos e meninas
De todos os lugares
Vítimas da impunidade crônica [...]
Da sombra emane, memória
Ensinamentos de força
E determinação
Para continuarmos a mudar o mundo
A partir do estratégico
E quilombola coração

Cuti, poeta e escritor

A escrita deste livro se dá num momento de forte polarização social, impulsionada pela desigualdade de raça e gênero que vem se ampliando, em razão de políticas do neoliberalismo, que, segundo Marilena Chaui, não é apenas uma mutação histórica do capitalismo, mas sim uma nova forma de totalitarismo.

Nesse cenário, pode-se destacar a derrubada dos direitos trabalhistas, do direito de sindicalização e de negociação coletiva, o esvaziamento de órgãos públicos, como o Ministério do Trabalho, num esforço de silenciar os trabalhadores e fechar todos os canais organizados que possam ser úteis ao avanço de suas reivindicações.

A fragilização dos trabalhadores pode ser constatada no trabalho "uberizado".

A Alma Preta, agência de jornalismo especializada em temática racial, destaca que jovens negros têm "uberização" do trabalho como uma das poucas alternativas ao desemprego, compondo, por exemplo, 71% dos entregadores ciclistas de aplicativo, segundo pesquisa da Aliança Bike.[1]

Acrescente-se a esse contexto, o impacto da reforma da previdência e o congelamento dos gastos públicos por vinte anos, que atinge em cheio as políticas públicas das quais a população vulnerabilizada é a principal usuária.

Isso pode ser observado no relatório "Mortes evitáveis por covid-19 no Brasil,* que sugere que pelo menos 120 mil mortes** até o final de março de 2021 poderiam ter sido evitadas se uma política pública efetiva de controle baseada em ações não farmacológicas tivesse sido implementada. A falta de acesso a hospitais igualmente gerou mortes evitáveis de mais de 20 mil pessoas, segundo o documento.

Ou seja, parte dos líderes que tomam decisões e comandam organizações públicas e grandes corporações age como manipuladores perversos, que não se interessam pelo bem comum e pelo outro. Destroem as instituições democráticas e adotam a necropolítica, que atinge majoritariamente a população pobre, indí-

---

* Estudo elaborado com o apoio do Instituto Brasileiro de Defesa do Consumidor (Idec) e da Oxfam Brasil, a partir de iniciativa do grupo Alerta. Conta também com a participação das seguintes organizações: Anistia Internacional Brasil; Centro Santo Dias de Direitos Humanos da Arquidiocese de São Paulo; Instituto de Estudos Socioeconômicos (Inesc); Instituto Ethos; e Sociedade Brasileira para o Progresso da Ciência (SBPC).

** Para dimensionar o impacto da covid-19 na mortalidade, foram utilizadas as bases de dados: Sistema de Informações sobre Mortalidade (SIM), Cartórios de Registro Civil (CRC), Pesquisa Nacional por Amostra de Domicílios (Pnad) Covid-19 IBGE, Sistema de Informação da Vigilância Epidemiológica da Gripe (Sivep-Gripe — Banco de dados para registro de óbitos e casos hospitalizados por síndromes respiratórias agudas graves — SRAG) e Cadastro Nacional de Estabelecimentos de Saúde (CNES).

gena e negra. Assim, relembrar trechos da história da violência na construção da herança que sustenta e perpetua a supremacia branca pode auxiliar a compreender os abismos econômicos e sociais entre as populações negra, branca e indígena no Brasil, que inviabiliza a democracia ao consolidar um sistema que perpetua a geração de bônus para uns e ônus para outros.

Para concluir este livro, destaco alguns pontos que vêm orientando minha abordagem sobre pactos narcísicos e branquitude.

Sempre os entendi como acordos tácitos, como pactos não verbalizados, não formalizados. Pactos feitos para se manter em situação de privilégio, higienizados da usurpação que os constituiu. E que se estruturam nas relações de dominação que podem ser de classe, de gênero, de raça e etnia e de identidade de gênero, dentre outras.

Nem todos os privilegiados se reconhecem como parte de um grupo que traz em sua história a expropriação de outros grupos. A herança branca contém marcas da apropriação de bens materiais e imateriais, originárias da condição de descendente de escravocratas e colonizadores e é uma herança frequentemente tratada como mérito para legitimar a supremacia econômica, política e social. Essa herança fortalece a autoestima e o autoconceito da população branca tratada como "grupo vencedor, competente, bonito, escolhido para comandar".

Do lado oposto, a população negra é colocada como grupo perdedor, culpabilizada por suas condições de subalternidade política, econômica, educacional e social e, por essa razão, políticas de ação afirmativa são taxadas de protecionistas.

Não é agradável vivenciar nenhuma das condições — descendente de expropriador ou de expropriado —, assim a negação pode acompanhar e favorecer a perpetuação desses pactos.

Os brancos, em sua maioria, ao não se reconhecerem como parte essencial nas desigualdades raciais, não as associam à história branca vivida no país e ao racismo. Além disso, a ausência de compromisso moral e o distanciamento psicológico em relação aos excluídos são características do pacto narcísico.

Os pactos narcísicos exigem a cumplicidade silenciosa do conjunto dos membros do grupo racial dominante e que sejam apagados e esquecidos os atos anti-humanitários que seus antepassados praticaram. Devem reconstruir a história positivamente e assim usufruir da herança, aumentar os ativos dela e transmiti-los para as próximas gerações.

As instituições são constituidoras, regulamentadoras e transmissoras desses pactos, que em sua essência são coletivos. Os movimentos sociais, igualmente marcados pela coletividade, são ameaçadores, pois os identificam, denunciam, exigem reparação.

É dessa forma que o debate sobre desigualdades se encontra cada vez mais visível, gerando indignação em segmentos que não se manifestavam, como os brancos antirracistas e que perguntam: "O que podemos fazer para destruir esse sistema tão desigual e perverso? Qual é o nosso lugar de brancos e brancas antirracistas?".

EPÍLOGO

EXERCITANDO A MUDANÇA — VIDAS NEGRAS IMPORTAM

Mudar essa realidade exige pensar profundamente sobre o que significa protestar em apoio a vidas negras.

Uzodinma Iweala, CEO do Africa Center,[1] chama a atenção para o fato de que "quando alguém diz Black Lives Matter, não está dizendo que outras vidas não importam".[2] Apenas indica que a conversa vai focalizar essa situação particular, tratando de injustiças e desigualdades que os negros sofreram e sofrem ao longo dos séculos.

Iweala enfatiza também a importância de compreender o significado de segurar cartazes que dizem "destruam a supremacia branca" ou "supremacia branca é um vírus", como se viu nos protestos relacionados ao assassinato de George Floyd. Esse tipo de manifestação implica visitar a história do país e as narrativas que dominaram a discussão sobre populações negras e brancas, e sobre raça e racismo.

Significa reconhecer que alguns dos sistemas existentes hoje foram construídos para manter negras e negros em condição de inferioridade; significa refletir sobre o que o desmantelamento desses sistemas fará com a vida das pessoas que dele vêm se beneficiando.

E os benefícios são de diferentes naturezas. Na pesquisa que realizei para o doutorado, a maioria dos brancos entrevistados reconhecia que pessoas brancas têm mais chances, mais oportunidades sociais e, por essa razão, encontram-se em melhor situação:

> É uma condição diferenciada, do branco pela condição social que ele tem, de poder frequentar uma escola; numa competição de branco e preto ele consegue andar mais rápido. [Paulo]
>
> Eu? A minha cor? Eu sou rosado (risos)… olha, ser branco no Brasil… eu diria, é bom!… Infelizmente é bom, certo? (risos) […] na época da ditadura… nós assim, uns negros outros brancos… o camarada olhou [para mim] e falou assim: "Você aí! Você é professor, não é?". Falei: "Sou!". Ele falou: "Vai embora!". Eu, o único que estava com os panfletos, fui… (risos). Bom… isso é ser branco… aperfeiçoado, com cara de professor… negro não podia ser professor, então é isso… eu sempre fui elogiado por ser bonitinho quando eu era criança… até na própria escola a professora discriminava… eu era o único, discriminava todos os outros. [Daniel]

É nesse sentido que desfazer sistemas que, durante séculos, promoveram o conforto e a segurança de um grupo de pessoas em detrimento de outro não é uma tarefa para realizar da noite para o dia, nem é uma proposição sem dor, pois envolverá trabalho intenso e duradouro.

Giroux nos diz que brancos, em ações antirracistas, têm que aprender a conviver com o significado de sua branquitude, desaprender ideologias e histórias que os ensinaram a colocar o outro em lugar onde os valores morais e éticos não estão em vigência.[3]

A destruição de um pacto narcísico não é só individual, mas tem sua âncora em ações coletivas estruturais envolvendo a responsabilidade social das organizações que precisam se posicionar diante de sua herança concreta e simbólica na história do país. Não podem se omitir dos créditos e das dívidas das gerações passadas, como da escravidão ou dos recorrentes períodos ditatoriais, para não cair num mecanismo de repetição do qual as gerações futuras só teriam a sofrer.[4]

Ao desnudar as relações de dominação, as pessoas podem se tornar mais autoconscientes daquilo que as torna preconceituosas, violentas, propensas a se identificar e apoiar líderes populistas e/ou autoritários e antidemocráticos. Perceber os truques das propagandas, fortalecer a autonomia, resistir à desumanização das relações de dominação.

* * *

Nossa experiência no Ceert é a de que, ao inserir o tema da equidade no interior das organizações públicas ou privadas, sempre encontramos lideranças que já vinham sentindo um mal-estar por trabalhar em "bolhas brancas" numa sociedade marcada pela diversidade cultural, religiosa, de gêneros, raças, etnias. E querem mudanças. Mas essas instituições têm também chefias que querem a permanência de um sistema que as beneficia, bem como a seus iguais. A tensão é sempre instalada, e o debate, bem como o esforço para a definição de programas de equidade e de ações afirmativas com metas a serem alcançadas, vai acontecendo.

Constatamos nos últimos anos, em várias organizações não governamentais que trabalham com direitos humanos e meio ambiente, funcionários se organizando em grupos com enfoque étnico-racial, de gênero, de orientação sexual, de pessoas com deficiência. Esses coletivos provocam a organização a avançar na agenda de equidade, localizam e acolhem novos funcionários com perfil diverso daquele que marca a organização, bem como auxiliam na criação de oportunidades de treinamento e mentorias para esses profissionais contratados.

Temos realizado diagnóstico da equidade racial em

redes escolares de secretarias municipais de educação e contribuído para a criação de organismos para monitorar as metas dos programas de diversidade, trazendo a perspectiva da equidade racial para a compra de materiais didáticos, a formação de professores e gestores, as relações com as famílias e a comunidade de entorno, o cadastro de fornecedores e prestadores de serviços. Temos observado instituições que criam prêmios e incentivos para lideranças que fazem um bom trabalho nesse campo. Ademais, várias organizações da sociedade civil desenvolvem programas para apoiar organizações negras que historicamente encontraram barreiras para serem fornecedoras de grandes corporações.

Igualmente observamos grandes corporações financeiras apoiarem, através de suas fundações e institutos, editais de fortalecimento de lideranças negras, de apoio à juventude negra na universidade, de apoio à apropriação do contexto do universo digital. Notamos também o apoio financeiro a organizações comunitárias multiculturais e de enfrentamento à intolerância religiosa, ao racismo, ao machismo e à homofobia, fortalecendo suas iniciativas.

Mas o cenário ainda é de iniciativas pontuais. Muitas delas no campo da equidade surgem a partir de situações de racismo vivenciadas na própria organização, outras são motivadas pela pressão de investidores que vêm sendo cobrados para apoiar organizações comprometidas com a sustentabilidade socioambiental. No entanto, muitas dessas iniciativas são decorrência da pressão de movimentos sociais, sindicais ou de organizações negras que ao longo do tempo vêm exigindo ambientes de trabalho mais plurais, justos e equitativos.

Encontramos também iniciativas de desenvolvimento de websites para treinamento contínuo em equidade para engajar funcionários. Com frequência, um dos primeiros passos para trabalhar a equidade é reestruturar as áreas de comunicação para se relacionar com todos os diferentes grupos sociais.

O medo e a ameaça de perder a hegemonia que caracteriza os pactos narcísicos continuam a se manifestar, tensionando os processos, mas as organizações vão aprendendo que podem aguentar.

Por fim, vale ressaltar que trabalhar com equidade exige um posicionamento sistêmico, significa reconhecer e enfrentar o racismo entranhado nas diferentes instâncias sociais, seja no interior das organizações, seja no campo em que ela atua enquanto parte de um coletivo de organizações que compõe a sociedade.

Significa apoiar a construção de um estado de bem-estar social substantivo e consequentemente as políticas públicas, já que os principais beneficiários delas são os grupos mais vulnerabilizados e que dependem disso para acessar serviços de saúde, trabalho, educação e moradia.

Diz respeito a se posicionar e fortalecer publicamente a retomada dos direitos constitucionais e das redes de proteção conquistadas pelas populações femininas, negras, quilombolas e indígenas.

A equidade encontra-se no território da construção de organizações melhores para trabalhar, de mundos melhores para viver, de ambientes mais democráticos e justos.

Isso implica reconhecer ao mesmo tempo o outro e o que somos, apreender nossos lugares recíprocos, situar os nossos papéis, identificar na estrutura de nossas organizações os elementos que fomentam a supremacia e a história que gerou ônus para uns e bônus para outros. E seguir realizando as mudanças institucionais imprescindíveis.

NOTAS

INTRODUÇÃO [pp. 7-15]

1. Trecho do samba-enredo *História pra ninar gente grande*, Estação Primeira de Mangueira, 2019.
2. Maria Aparecida Silva Bento, "A identidade racial em crianças pequenas". In: Maria Aparecida Silva Bento (Org.), *Educação infantil, igualdade racial e diversidade: Aspectos políticos, jurídicos e conceituais*. São Paulo: Ceert, 2012, pp. 98-117.

1. PACTO NARCÍSICO [pp. 17-25]

1. Instituto Ethos, *Perfil social, racial e de gênero das 500 maiores empresas do Brasil e suas ações afirmativas*. São Paulo: Instituto Ethos; Banco Interamericano de Desenvolvimento, maio de 2016.
2. Maria Aparecida Silva Bento, *Pactos narcísicos no racismo: Branquitude e poder nas organizações empresariais e no poder público*. São Paulo: IP-USP, 2002. Tese (Doutorado em Psicologia).
3. Maria Aparecida Silva Bento, "Branquitude: O lado oculto do discurso sobre o negro". In: Maria Aparecida Silva Bento; Iray Carone (Orgs.), *Psicologia social do racismo: Estudos sobre branquitude e branqueamento no Brasil*. 6. ed. Petrópolis: Vozes, 2014, pp. 147-62.
4. Adaptado de Douglas Gravas, "Meritocracia bloqueia classe média e perpetua desigualdade, diz autor". *Folha de S.Paulo*, 3 set. 2021. Disponível em: <https://www1.folha.uol.com.br/mercado/2021/09/meritocracia-bloqueia-classe-media-e-perpetua-desigualdade-diz-autor.shtml?origin=folha>. Acesso em: 17 dez. 2021.
5. Na ocasião, o texto similar que encontrei sobre o assunto remetia à bran-

quidade: Vron Ware (Org.), *Branquidade: Identidade branca e multicul-turalismo*. Rio de Janeiro: Garamond, 2004.

6. Maria Aparecida Silva Bento; Iray Carone (Orgs.), op. cit.

7. René Kaës, *Espaços psíquicos comuns e partilhados: Transmissão e nega-tividade*. São Paulo: Casa do Psicólogo, 2005.

8. Sigmund Freud, "Lembranças encobridoras". In: _____. *Primeiras Publicações Psicanalíticas (1893-1899)*. Rio de Janeiro: Imago, 1996, pp. 285-306. (Obras Psicológicas Completas de Sigmund Freud, v. 3).

2. BRANQUITUDE E COLONIZAÇÃO EUROPEIA [pp. 27-36]

1. René Kaës et al., *Transmissão da vida psíquica entre gerações*. São Paulo: Casa do Psicólogo, 2001. (Trabalho original publicado em 1993.)

2. Paula Monteiro, "Globalização, identidade e diferença". *Novos Estudos*, São Paulo, Cebrap, n. 49, pp. 47-64, nov. 1997.

3. Jun Mian Chen, "The Contentious Field of Whiteness Studies". *Journal for Social Thought*, Londres, v. 2, n. 1, pp. 15-27, 2017. Disponível em: <https://ir.lib.uwo.ca/jst/vol2/iss1/3>. Acesso em: 20 dez. 2021.

4. Edward W. Said, *Orientalismo: O Oriente como invenção do Ocidente*. São Paulo: Companhia das Letras, 1990.

5. bell hooks, "Postmodern Blackness". In: _____, *Yearning: Race, Gen-der, and Cultural Politics*. Boston: South End Press, 1990, pp. 624-31; Abdul R. Janmohamed, "The Economy of Manichean Allegory: The Function of Racial Difference in Colonialist Literature". *Critical Inquiry*, Chicago, v. 12, n. 1, pp. 59-87, 1985; Albert Memmi, *The Colonizer and the Colonized*. Londres: Earthscan, 1990.

6. Herbert S. Klein, *The Atlantic Slave Trade*. Cambridge: Cambridge University Press, 1999.

7. Daron Acemoglu; Simon Johnson; James A. Robinson, "Reversal of For-tune: Geography and Institutions in the Making of the Modern World Income Distribution". *Quarterly Journal of Economics*, Cambridge, v. 117, n. 4, pp. 1231-94, 2002.

8. Eric Williams, *Capitalism and Slavery*. [S.l.]: Lulu Press, 2015, p. 252.

9. Aditya Mukherjee, "Empire: How Colonial India Made Modern Britain". *Economic and Political Weekly*, Mumbai, v. 45, n. 50, pp. 73-82, 2010. Disponível em: <http://www.jstor.org/stable/25764217>. Acesso em: 20 dez. 2021.

10. Eric Williams, op. cit., p. 252.

11. Achille Mbembe, "Necropolíticas". Tradução de Renata Santini. *Arte & Ensaios*, Rio de Janeiro, n. 32, p. 128, dez. 2016.

12. Dieese — Departamento Intersindical de Estatística e Estudos Socioeconômicos, *Mapa do negro no mercado de trabalho no Brasil* — Relatório de Pesquisa ao Instituto Sindical Interamericano pela Igualdade Racial (Inspir), jun. 1999.

13. Com base na Pesquisa Nacional por Amostra de Domicílios (Pnad) Contínua/ IBGE.

14. Emilly Dulce, "Mulher negra trabalha quase o dobro do tempo para obter salário de homem branco". *Brasil de Fato*, 22 nov. 2019. Disponível em: <https://www.brasildefato.com.br/2019/11/22/mulher-negra-trabalha-quase-o-dobro-do-tempo-para-obter-salario-de-homem-branco>. Acesso em: 20 dez. 2021.

15. Clóvis Moura, *Rebeliões da senzala: Quilombos, insurreições, guerrilhas*. 3. ed. São Paulo: Ciências Humanas, 1981.

16. Daniel Bento Teixeira, "Equidade racial nas empresas não é nada mais que obrigação". UOL, 23 set. 2020. Disponível em: <https://economia.uol.com.br/colunas/2020/09/23/daniel-bento-teixeira-cert.htm>. Acesso em: 20 dez. 2021.

17. Coleção de Leis do Brasil — 1890, v. 1, fasc. VI, p. 1424 (Publicação original). Disponível em: <http://legis.senado.leg.br/norma/388093/publicacao/15636460>. Acesso em: 20 dez. 2021.

18. Lei nº 581, de 4 set. 1850.

19. Lei nº 601, de 18 set. 1850.

20. José Sacchetta Ramos Mendes, "Desígnios da lei de terras: Imigração, escravismo e propriedade fundiária no Brasil Império". *Caderno CRH*, Salvador, v. 22, n. 55, pp. 173-84, jan./abr. 2009.

21. "Reforma agrária popular e a luta pela terra no Brasil". DOSSIÊ 27 — Instituto Tricontinental de Pesquisa Social, 2020.

22. Anibal Quijano, "Coloniality of Power, Ethnocentrism, and Latin America". *Nepantla*, Durham, v. 1, n. 3, pp. 533-80, 2000; Walter D. Mignolo, *Histórias locais/ projetos globais: Colonialidade, saberes subalternos e pensamento liminar*. Belo Horizonte: Ed. UFMG, 2005. Maria Lugones, "Heterosexualism and the Colonial/ Modern Gender System". *Hypatia*, Cambridge, v. 22, n. 1, pp. 186-209, 2007. Siddhant Issar, "Listening to Black Lives Matter: Racial Capitalism and the Critique of Neoliberalism". *Contemporary Political Theory*, Basingstoke, n. 20, pp. 48-71, 29 abr. 2020. Disponível em: <https://doi.org/10.1057/s41296-020-00399-0>. Acesso em: 20 dez. 2021.

3. CAPITALISMO RACIAL [pp. 37-42]

1. Frantz Fanon, *Os condenados da terra*. Juiz de Fora: Ed. UFJF, 2005.
2. Albert Memmi, *Retrato do colonizado precedido de retrato do colonizador*. Rio de Janeiro: Civilização Brasileira, 2007.
3. Cláudio de São Thiago Cavas; Gabriel de Sena Jardim, "Pós-colonialismo e feminismo decolonial: Caminhos para uma compreensão anti-essencialista do mundo". *Ponto & Vírgula*, PUC-SP, n. 22, pp. 73-91, 2ª sem. 2017.
4. Nilma Lino Gomes, "Movimento negro e educação: Ressignificando e politizando a raça". *Educação & Sociedade*, Campinas, v. 33, n. 120, pp. 727-44, jul./ set., 2012. Disponível em: <https://www.scielo.br/pdf/es/v33n120/05.pdf>. Acesso em: 19 out. 2020.
5. Ibid., p. 733.
6. Charles W. Mills, "Ignorância branca". Tradução de Breno Ricardo Guimarães Santos. *Griot: Revista de Filosofia*, Amargosa/Bahia, v. 17, n. 1, pp. 413-38, jun. 2018.
7. Tâmis Parron, "Capital e raça: Os segredos por trás dos nomes". *Revista Rosa*, v. 2, n. 3, 10 nov. 2020. Disponível em: <http://revistarosa.com/2/capital-e-raca>. Acesso em: 20 dez. 2021.
8. Cedric J. Robinson, *Black Marxism: The Making of the Black Radical Tradition*. Londres: Zed Press, 1983.

4. PERSONALIDADE AUTORITÁRIA, MASCULINIDADE BRANCA E NACIONALISMO [pp. 43-54]

1. Luís Adorno, "Abordagem nos Jardins tem de ser diferente da periferia, diz novo comandante da Rota". UOL, São Paulo, 24 ago. 2017. Disponível em: <https://noticias.uol.com.br/cotidiano/ultimas-noticias/2017/08/24/abordagem-no-jardins-e-na-periferia-tem-de-ser-diferente-diz-novo-comandante-da-rota.htm>. Acesso em: 20 dez. 2021.
2. Yuri Ferreira, "Marcelo Crivella e cinco governadores foram presos em menos de quatro anos no RJ". *Hypeness*, 22 dez. 2020. Disponível em: <https://www.hypeness.com.br/2020/12/marcelo-crivella-e-5-governadores-foram-presos-em-menos-de-4-anos-no-rj/>. Acesso em: 20 dez. 2021.
3. Aluizio Freire, "Cabral defende aborto contra violência no Rio de Janeiro". *G1*, 24 out. 2007. Disponível em: <https://g1.globo.com/Noticias/

Politica/0,,MUL155710-5601,00-CABRAL+DEFENDE+ABORTO+-CONTRA+VIOLENCIA+NO+RIO+DE+JANEIRO.html>. Acesso em: 20 dez. 2021.

4. Edwin H. Sutherland, "White-Collar Criminality". *American Sociological Review*, Washington, v. 5, n. 1, pp. 1-12, 1940.

5. Luís Roberto Barroso. "A constitucionalização tardia do direito penal brasileiro (Prefácio)". In: Ademar Borges de Sousa Filho, *O controle de constitucionalidade de leis penais no Brasil: Graus de deferência ao legislador, parâmetros materiais e técnicas de decisão*. Belo Horizonte: Fórum, 2019, pp. 13-6.

6. Departamento Penitenciário Nacional — Ministério da Justiça, *Levantamento Nacional de Informações Penitenciárias — Infopen Mulheres — Junho 2014*. Disponível em: <https://www.justica.gov.br/news/estudo-traca-perfil-da-populacao-penitenciaria-feminina-no-brasil/relatorio-infopen-mulheres.pdf>. Acesso em: 20 dez. 2021.

7. Dina Alves. "Rés negras, juízes brancos: Uma análise da interseccionalidade de gênero, raça e classe na produção da punição em uma prisão paulistana". In: Marisa Feffermann et al., *Interfaces do genocídio no Brasil: Raça, gênero e classe*. São Paulo: Instituto de Saúde, 2018. (Temas em Saúde Coletiva 25).

8. "Justiça brasileira condena pouco em crimes de colarinho branco, diz CNJ". *Correio Braziliense*, 15 abr. 2013. Disponível em: <https://www.correiobraziliense.com.br/app/noticia/politica/2013/04/15/interna_politica,360600/justica-brasileira-condena-pouco-em-crimes-de-colarinho-branco-diz-cnj.shtml>. Acesso em: 20 dez. 2021.

9. Michel Foucault, *Vigiar e punir: Nascimento da prisão*. Tradução Lígia M. Ponde Vassallo. Petrópolis: Vozes, 1987.

10. Achille Mbembe, *Necropolítica*. São Paulo: n-1 edições, 2018, p. 18.

11. Cristina Camargo; Paula Sperb, "Homem negro morre após ser espancado por seguranças do Carrefour em Porto Alegre". *Folha de S.Paulo*, 20 nov. 2020. Disponível em: <https://www1.folha.uol.com.br/cotidiano/2020/11/homem-negro-morre-apos-ser-espancado-por-segurancas-do-carrefour-em-porto-alegre.shtml>. Acesso em: 20 dez. 2021.

12. Kyle W. Kusz, "Notes on the Uses of Sport in Trump's White Nationalist Assemblage". *Review of Nationalities*, Kingston, v. 9, n. 1, pp. 40-59, 2020. Disponível em: <https://doi.org/10.2478/pn-2019-0004>. Acesso em: 20 dez. 2021.

13. Pierre Dardot; Christian Laval. "Anatomia do novo neoliberalismo". *Revista IHU On-Line*, 25 jul. 2019. Disponível em: <https://www.ihu.unisinos.br/591075-anatomia-do-novo-neoliberalismo-artigo-de-pierre-dardot-e-christian-laval>. Acesso em: 20 dez. 2021.
14. Ibid.
15. Manisha Sinha, "Historian: White Terrorist Groups Attacked Democracy During Reconstruction, They Are Doing It Again". *Democracy Now*, 7 jan., 2021. Disponível em: <https://www.democracynow.org/2021/1/7/us_capitol_violent_mob_manisha_sinha>. Acesso em: 20 dez. 2021.
16. "Manifestações antidemocráticas são 'criminosas' e devem ser punidas, diz Gilmar Mendes". *G1*, 31 maio 2020. Disponível em: <https://g1.globo.com/politica/noticia/2020/05/31/manifestacoes-antidemocraticas-sao-criminosas-e-devem-ser-punidas-diz-gilmar-mendes.ghtml>. Acesso em: 20 dez. 2021.
17. Portaria nº 46 — Colog, de 18 de março de 2020: dispõe sobre os procedimentos administrativos relativos ao acompanhamento e ao rastreamento de produtos controlados pelo Exército e o Sistema Nacional de Rastreamento de Produtos Controlados pelo Exército. Portaria nº 60 — Colog, de 15 de abril de 2020: estabelece os dispositivos de segurança, identificação e marcação das armas de fogo fabricadas no país, exportadas ou importadas. Portaria nº 61 — Colog, de 15 de abril de 2020: dispõe sobre marcação de embalagens e cartuchos de munição.
18. Mariana Schreiber, "Com acesso facilitado, Brasil fecha 2020 com recorde de 180 mil novas armas de fogo registradas na PF, um aumento de 91%". *BBC News Brasil*, 8 jan. 2021. Disponível em: <https://www.bbc.com/portuguese/brasil-55590649>. Acesso em: 20 dez. 2021.
19. Filósofo e historiador camaronês que trabalha em universidades em Joanesburgo na África do Sul e nos Estados Unidos. Achille Mbembe, "Necropolíticas", op. cit.
20. Daniel A. Reis, "Notas para a compreensão do bolsonarismo". *Estudos Ibero-Americanos*, Porto Alegre, v. 46, n. 1, e36709, jan./abr. 2020.
21. Alê Alves, "Angela Davis: 'Quando a mulher negra se movimenta, toda a estrutura da sociedade se movimenta com ela'". *El País*, 27 jul. 2017. Disponível em: <https://brasil.elpais.com/brasil/2017/07/27/politica/1501114503_610956.html>. Acesso em: 9 dez. 2021.

5. O CAMPO DE ESTUDOS SOBRE BRANQUITUDE [pp. 55-67]

1 France Winddance Twine; Charles Gallagher, "The Future of Whiteness: A Map of the 'Third Wave'". *Ethnic and Racial Studies*, Abingdon, v. 31, n. 1, pp. 4-24, 2008.

2. W. E. B. Du Bois, *Black Reconstruction in America, 1860-1880*. Nova York: Touchstone, 1995.

3. David R. Roediger, "Sobre autobiografia e teoria: Uma introdução". In: Vron Ware (Org.), *Branquidade: Identidade branca e multiculturalismo*, op. cit, p. 55.

4. Henry Giroux, "Towards a Pedagogy and Politics of Whiteness". *Harvard Educational Review*, v. 67, n. 2, pp. 285-321, verão 1997.

5. Maria Aparecida Silva Bento, "Branquitude e poder: A questão das cotas para negros". In: *Anais do I Simpósio Internacional do Adolescente*. São Paulo, 2005. Disponível em: <http://www.proceedings.scielo.br/scielo.php?script=sci_arttext&pid=MSC000000082005000100005&lng=en&nrm=ABN>. Acesso em: 20 dez. 2021.

6. Robert W. Connell, "Políticas da masculinidade". *Educação & Realidade*, Porto Alegre, v. 20, n. 2, pp. 185-206, jul./dez. 1995. Disponível em: <https://seer.ufrgs.br/educacaoerealidade/article/view/71725/40671>. Acesso em: 20 dez. 2021.

7. Frantz Fanon, *Pele negra, máscaras brancas*. Rio de Janeiro: Fator, 1980, p. 154.

8. Daniel A. Reis, op. cit.

9. Sara Roberts, "Fireworks, Flags and Signs: Voices from the Streets of Post-Brexit Britain". *Trabalhos em Linguística Aplicada*, Campinas, v. 59, n. 1, pp. 491-506, 2020. Disponível em: <https://doi.org/10.1590/010318 13684991620200408>. Acesso em: 20 dez. 2021.

10. Ruth Frankenberg, *White Woman, Race Matters: The Social Construction of Whiteness*. Minneapolis: University of Minnesota Press, 1995.

11. Nina Rodrigues, *Os africanos no Brasil*. São Paulo: Companhia Editora Nacional; Editora da Universidade de Brasília, 1982; Nina Rodrigues, *As raças humanas e a responsabilidade penal no Brasil*. Rio de Janeiro: Guanabara, s/d.

12. Florestan Fernandes, *A integração do negro na sociedade de classes*. São Paulo: Ática, 1978. v. 1 e 2.

13. Matthew W. Hughey, *Race and Ethnicity in Secret and Exclusive Social Orders: Blood and Shadow*. Abingdon: Routledge, 2014.

14. Lourenço Cardoso, "Branquitude acrítica e crítica: A supremacia racial e o branco antirracista". *Localización: Revista Latinoamericana de Ciencias Sociales*, Manizales, v. 8, n. 1, pp. 607-30, 2010.
15. "Charlottesville: Supremacistas brancos e grupos antirracismo entram em confronto". *BBC News Brasil*, 12 ago. 2017. Disponível em: <https://www.bbc.com/portuguese/brasil-40913908>. Acesso em: 20 dez. 2021.
16. Lia Vainer Schucman, *Entre o "encardido", o "branco" e o "branquíssimo": Raça, hierarquia e poder na construção da branquitude paulistana*. São Paulo: IP-USP, 2012. 122 pp. Tese (Doutorado em Psicologia).
17. Valeria Ribeiro Corossacz, "Branquitude entre um grupo de homens brancos do Rio de Janeiro". *Revista Crítica de Ciências Sociais*, Coimbra, n. 105, pp. 43-64, 2014.
18. Edith Piza, "Branco no Brasil? Ninguém sabe, ninguém viu…". In Lynn Huntley; Antonio Sérgio Alfredo Guimarães (Orgs.), *Tirando a máscara: Ensaios sobre o racismo no Brasil*. São Paulo: Paz e Terra, 2000, pp. 118-9.

6. RACISMO INSTITUCIONAL [pp. 69-78]

1. Joe R. Feagin; Clairece B. Feagin, *Discrimination American Style: Institutional Racism and Sexism*. Malabar: Robert E. Krieger Publishing Company, 1986.
2. Publicado pela Casa do Psicólogo.
3. Idem.
4. Edith Piza, *O caminho das águas: Personagens femininas negras por escritoras brancas*. São Paulo: Edusp; Fapesp, 1998.
5. Gordon Allport apud John Harding et al., "Prejudice and Ethnic Relations". In: Gardner Lindzey; Elliot Aronson (Org.), *Handbook of Social Psychology*. Reading, MA: Addison-Wesley Publishers, v. 5, pp. 1-76.
6. Eugène Enriquez, "Os desafios éticos nas organizações modernas". *Revista de Administração de Empresas*, v. 37, n. 2, pp. 6-17, abr./jun 1997.
7. Maria Aparecida Silva Bento, *Resgatando a minha bisavó: Discriminação no trabalho e resistência na voz de trabalhadores negros*. São Paulo: Pontifícia Universidade Católica (PUC), 1992. Dissertação (Mestrado) em Psicologia.
8. Joe R. Feagin; Clairece B. Feagin, op. cit.

7. O CASO DAS MULHERES [pp. 79-88]

1. Maria Aparecida Silva Bento, *Resgatando minha bisavó*, op. cit.
2. Luana Pinheiro et al. *Os desafios do passado no trabalho doméstico do século XXI: Reflexões para o caso brasileiro a partir dos dados da Pnad Contínua*. Texto para discussão/Instituto de Pesquisa Econômica Aplicada. Brasília, nov. 2019.
3. Danuza Leão, "O assunto do dia". *Folha de S.Paulo*, 31 mar. 2013. Disponível em: <https://m.folha.uol.com.br/colunas/danuzaleao/2013/03/1254852-o-assunto-do-dia.shtml>. Acesso em: 20 dez. 2021.
4. Proposta de Emenda à Constituição nº 66, de 2012. Altera a redação do parágrafo único do art. 7º da Constituição Federal para estabelecer a igualdade de direitos trabalhistas entre os trabalhadores domésticos e demais trabalhadores urbanos e rurais. Disponível na íntegra em: <https://www25.senado.leg.br/web/atividade/materias/-/materia/109761>. Acesso em: 20 dez. 2021.
5. Dispõe sobre o contrato de trabalho doméstico. Publicação Original: Diário Oficial da União de 2 de junho de 2015, p. 1, col. 3. Disponível em: <https://pesquisa.in.gov.br/imprensa/jsp/visualiza/index.jsp?jornal=1&pagina=1&data=02/06/2015>. Acesso em: 20 dez. 2021.
6. "Trabalhadoras domésticas". *Themis — Gênero, Justiça e Direitos Humanos*. Disponível em: <http://themis.org.br/fazemos/trabalhadoras-domesticas/>. Acesso em: 3 fev. 2022.
7. "Guedes defende dólar alto: "Era empregada doméstica indo pra Disneylândia. Uma festa". *Fórum*, 12 fev. 2020. Disponível em: <https://revistaforum.com.br/politica/guedes-defende-dolar-alto-era-empregada-domestica-indo-pra-disneylandia-uma-festa-danada/>. Acesso em: 20 dez. 2021.
8. "Racismo e sexismo na cultura brasileira". *Revista Ciências Sociais Hoje*, São Paulo, n. 2, 1984, p. 224.
9. Lélia Gonzalez, "Por um feminismo afro-latino-americano". *Revista Isis Internacional*, Santiago, v. 9, pp. 133-41, 1988.
10. "Perfil social, racial e de gênero das quinhentas maiores empresas do Brasil e suas ações afirmativas", lançado pelo Instituto Ethos e pelo Banco Interamericano de Desenvolvimento (BID) em 2016.
11. Sueli Carneiro; Thereza Santos, *Mulher negra*. São Paulo: Nobel; Conselho Estadual da Condição Feminina, 1985.
12. Lúcia Helena Garcia de Oliveira; Rosa Maria Porcaro; Tereza Cristina

N. Araújo, *O lugar do negro na força de trabalho*. Rio de Janeiro: IBGE, 1981.

13. Luiza Bairros, "Mulher negra: o reforço da subordinação". In: Peggy Lovell (Org.), *Desigualdades sociais no Brasil contemporâneo*. Belo Horizonte: Editora UFMG; Cedeplar, 1991, pp. 177-83.

14. Fúlvia Rosemberg. "Instrução, rendimento, discriminação racial e de gênero". *Revista de Estudos Pedagógicos*, Brasília, v. 68, n. 159, pp. 324-55, maio/ago., 1987.

15. Djamila Ribeiro, *Lugar de fala*. Belo Horizonte: Letramento, 2017. pp. 58-61.

16. Juliana Gonçalves, "Narrativas de liberdade: O grito insurgente de mulheres negras". In: Bianca Santana (Org.), *Vozes insurgentes de mulheres negras: Do século XVIII à primeira década do século XXI*. Belo Horizonte: Mazza Edições, 2019, p. 11.

17. Lúcia Xavier e Mônica Sacramento, "É hora de defender as mulheres negras que nos defendem". *Criola*, 16 dez. 2021. Disponível em: <https://criola.org.br/e-hora-de-defender-as-mulheres-negras-que-nos-defendem/>. Acesso em: 28 jan. 2022.

18. Citado por Hédio Silva Jr., *Racismo à brasileira: A distância entre fatos e discursos*, mimeo, Salvador, 1994. (Texto preparado para a I Conferência Interamericana Sindical pela Igualdade Racial).

8. ENFRENTANDO OS DESAFIOS: CEERT [pp. 89-101]

1. Conselho Estadual de Participação e Desenvolvimento da Comunidade Negra de São Paulo (CPDCN). Decreto nº 22184, de 11 de maio de 1984: Em 1984, lideranças negras reivindicam a criação do Conselho como resposta governamental às lutas empreendidas por diversas organizações negras. O CPDCN de São Paulo foi um marco e após sua criação surgiram centenas de órgãos similares em municípios e estados brasileiros. Membros do Conselho que atuavam na área de relações do trabalho se juntaram para criar o Centro de Estudos das Relações de Trabalho e Desigualdades (Ceert). Fonte: página oficial da Secretaria de Justiça e Defesa da Cidadania (SJDC), órgão que abriga o CPDCN.

2. Gevanilda Santos, "A luta contra o racismo na esquerda brasileira". In: Octavio Ianni et al. (Orgs.), *O negro e o socialismo*. São Paulo: Edito-

ra Fundação Perseu Abramo, 2005, pp. 21-3. (Coleção Socialismo em Discussão).

3. Maria Aparecida Silva Bento, "Racismo no trabalho: o movimento sindical e o Estado". In: Lynn Huntley; Antonio Sérgio Alfredo Guimarães (Orgs), *Tirando a máscara: Ensaios sobre o racismo no Brasil*. São Paulo: Paz e Terra, 2000, pp. 325-42.

4. A negociação coletiva de cláusulas relativas à equidade racial no Brasil em 2015 é resultado da parceria Dieese e Inspir, a partir dos dados oficiais do Ministério do Trabalho sobre contratação coletiva brasileira. Disponível na íntegra em: <https://www.dieese.org.br/restrito/web_revista_cartilha_inspir_txt_justificado.pdf>. Acesso em: 20 dez. 2021.

5. Maria Aparecida da Silva Bento; Flávio Carrança (Orgs.), *Diversidade nas empresas e equidade racial*. São Paulo: Rosa Editora, 2016.

6. Instrumento internacional que trata da discriminação em matéria de emprego e ocupação, aprovada em Genebra em 1958. No Brasil sua aprovação ocorreu em 1964. Os Estados que aderiram à Convenção nº 111 se comprometeram com a luta pela eliminação da discriminação, fomento à igualdade; entre outras atividades, enviando relatório anual sobre as atividades desenvolvidas com base nos ditames da Convenção e possíveis recomendações. Fonte: Fabiana Kelly Ferraz; Flávia Pimenta Raw, "Igualdade de oportunidades e discriminação no trabalho: Uma leitura dos instrumentos legais". In: Ana Claudia Farranha; Rafaela Egg (Orgs.), *Igualdade racial: Principais resultados*. Projeto de desenvolvimento de uma política nacional para eliminar a discriminação no emprego e na ocupação e promover a igualdade racial no Brasil. Organização Internacional do Trabalho (OIT). Brasília, 2006. 778 p. (Formato PDF.)

7. Entre as ações, destacam-se: a criação no âmbito do Ministério do Trabalho, do Grupo de Trabalho para a Eliminação da Discriminação no Emprego e na Ocupação (GTEDEO), via Decreto de 20 de março de 1996. Esse grupo, liderado por Ivair Augusto dos Santos, originou a articulação entre os ministérios do Trabalho e da Justiça, em conjunto com a OIT, para combater a discriminação em atividades do Ministério do Trabalho; Programa Brasil, Gênero e Raça (1997): implementação de núcleos de promoção da igualdade de oportunidade e de combate à discriminação dentro das Delegacias e Subdelegacias Regionais do Trabalho, bem como a inclusão do quesito raça/cor nas análises estatísticas do mercado de trabalho. Outra conquista foi a inclusão do quesito raça/cor nas análises estatísticas do mercado de trabalho na Rais e no Caged.

Também foi criada uma resolução (nº 194/98, do Codefat) que definiu que pessoas mais vulneráveis, ou de grupos em desvantagem ou alvos de discriminação no mercado de trabalho, teriam acesso prioritário aos projetos financiados pelo Fundo de Amparo ao Trabalhador (FAT). Isso ocorreu após intensa pressão do movimento negro, inclusive pela proximidade da III Conferência Mundial contra o Racismo. Fonte: Acervo do Ceert.

8. 300 Anos da Imortalidade de Zumbi dos Palmares: Marcha contra o Racismo, pela Igualdade e pela Vida: realizada em 20 de novembro de 1995, reuniu cerca de 30 mil pessoas em Brasília, denunciando o racismo e a ausência de políticas públicas para a população negra. A Marcha realizou uma sessão no Congresso Nacional e depois as lideranças negras se reuniram com o presidente da República, quando foi assinado um decreto que instituiu o Grupo de Trabalho Interministerial para a Valorização da População Negra. Fonte: Documentário produzido pela Organização da Marcha Zumbi dos Palmares — 1995, realizada em Brasília. Disponível em: <https://youtu.be/K8IPjx_Z_wQ>. Acesso em: 20 dez. 2021.

9. Executiva Nacional da Marcha Zumbi, *Por uma política nacional de combate ao racismo e à desigualdade racial: Marcha Zumbi contra o Racismo, pela Igualdade e pela Vida*. Brasília: Cultura Gráfica e Editora Ltda., 1996, pp. 23-6.

10. Carlos A. Hasenbalg, *Discriminação e desigualdades raciais no Brasil*. Rio de Janeiro: Graal, 1979.

11. III Conferência Mundial de Combate ao Racismo, Discriminação Racial, Xenofobia e Intolerância Correlata: promovida pela ONU, também conhecida como Conferência de Durban, aconteceu na África do Sul, de 31 de agosto a 8 de setembro de 2001. Participaram da Conferência 173 países, entre eles o Brasil. A participação do movimento negro brasileiro na preparação e durante a Conferência Mundial foi marcante. Ao ser signatário do Plano de Ação de Durban, o Estado brasileiro reconheceu em nível internacional a existência do racismo institucional em nosso país e se comprometeu a construir medidas para sua superação. Entre elas, as ações afirmativas na educação e no trabalho. Fonte: Nilma Lino Gomes, *O movimento negro educador: Saberes construídos nas lutas por emancipação*. Petrópolis: Vozes, 2017.

12. A Conferência de Durban tratou de assuntos polêmicos, como a compensação de países europeus para países africanos pelo tráfico de escravizados entre os séculos XV e XIX, bem como a política de Israel em re-

lação aos palestinos. Os Estados Unidos e Israel se retiraram por conta da equiparação do sionismo ao racismo. Em 2009, a II Conferência se realizou em Genebra, e dez países ocidentais a boicotaram. As delegações da Austrália, do Canadá e delegações da Europa partilharam a opinião dos Estados Unidos. Na questão da escravidão, a Conferência instou todos os países que traficaram escravos a se arrepender e compensar os países africanos e asiáticos com ajuda financeira, mas nada aconteceu até agora.

13. Declaração e Programa de Ação da III Conferência Mundial de Combate ao Racismo, Discriminação Racial, Xenofobia e Intolerância Correlata, adotada em 8 de setembro de 2001 em Durban, África do Sul. Documentos na íntegra disponíveis em: <http://www.unfpa.org.br/Arquivos/declaracao_durban.pdf>. Acesso em: 20 dez. 2021.

14. Em Belo Horizonte, no projeto Oportunidades Iguais para Todos.

15. Mestre em Ciências Sociais (PUC/SP) — Tema: *Classificação Racial: Entre a ideologia e a técnica*; Diretor do Solidarity Center, AFL-CIO; Coordenador de Censos de Diversidade do Ceert.

16. *In memoriam*. Assistente social; psicóloga; coordenadora de projetos do Centro de Estudos das Relações de Trabalho e Desigualdades. Fundadora do Grupo Soweto. Desenvolveu metodologia de inclusão do dado cor/raça nos cadastros; assessora da área técnica de saúde da população negra da Secretaria Municipal de Saúde de São Paulo; secretária executiva da I Conferência Municipal da Saúde da População Negra de São Paulo (2003) e coordenadora-geral da II Conferência da Saúde da População Negra de São Paulo (2006); assistente social do Centro de Referência da Saúde do Trabalhador da Freguesia do Ó, com foco em atendimentos nas áreas de saúde mental e trabalho; autora de artigos em livros e revistas, com foco na temática racial e saúde mental e trabalho.

9. PROJETOS DE TRANSFORMAÇÃO [pp. 103-16]

1. David R. Roediger, "Sobre autobiografia e teoria", op. cit., p. 46.

2. Maria Aparecia Silva Bento; Flávio Carrança (Orgs.), op. cit.

3. Muniz Sodré, *A ignorância da diversidade*, 2007. Vídeo disponível em: <https://institutocpfl.org.br/a-ignorancia-da-diversidade-%E2%80%93-muniz-sodre/>. Acesso em: 20 dez. 2021.

4. Jacques Wainer; Tatiana Melguizo, "Políticas de inclusão no ensino

superior: Avaliação do desempenho dos alunos baseado no Enade de 2012 a 2014". *Educação e Pesquisa*, São Paulo, v. 44, e162807, 2018.

5. Vivian Hunt; Dennis Layton; Sara Prince, *Diversity Matters*. McKinsey & Company. 2 fev. 2015. Disponível em: <https://www.mckinsey.com/insights/organization/~/media/2497d4ae4b534ee89d929cc6e3aea485.ashx>. Acesso em: 20 dez. 2021.

6. Paula Castilho; Heloisa Callegaro; Monica Szwarcwald, *Diversity Matters — América Latina: Por que empresas que adotam a diversidade são mais saudáveis, felizes e rentáveis*. McKinsey & Company, Jun. 2020.

7. Robin DiAngelo, "Fragilidade branca". *Revista ECO Pós*. Dossiê Racismo, v. 21, n. 3, 2018.

8. Carlo Pereira, "O ESG é uma preocupação que está tirando seu sono? Calma, nada mudou". *Exame*, 8 out. 2020. Disponível em: <https://exame.com/blog/carlo-pereira/esg-o-que-e-como-adotar-e-qual-e-a-relacao-com-a-sustentabilidade/>. Acesso em: 20 dez. 2021.

9. Milton Santos, *Por uma outra globalização: Do pensamento único à consciência universal*. 3. ed. Rio de Janeiro, Record, 2000, p. 21.

10. O MOMENTO PRESENTE [pp. 117-21]

1. Guilherme Soares Dias, "'As empresas nos tratam como lixo, apesar de dependerem de nós', diz entregador de aplicativo". *Alma Preta*, 23 jul. 2020. Disponível em: <https://almapreta.com/sessao/cotidiano/as-empresas-nos-tratam-como-lixo-apesar-de-dependerem-de-nos-diz-entregador-de-aplicativo>. Acesso em: 20 dez. 2021.

EPÍLOGO [pp. 123-9]

1. "HOW White People Can Advocate For The Black Lives Matter Movement". *NPR*, 11 jul. 2020. Disponível em: <https://www.npr.org/2020/07/11/890000800/how-white-people-can-advocate-for-the-black-lives-matter-movement>. Acesso em: 20 dez. 2021.

2. Ibidem.

3. Henry Giroux, op. cit.

4. Eugène Enriquez, op. cit.

AGRADECIMENTOS

Agradeço a Sara Tchoya, Winnie Santos, Júlia Rosemberg, Krista Kataneva e Stéphanie Roque, pela preciosa contribuição na organização das informações para este livro, e a Marly Silveira, Daniel Teixeira, Sales Augusto dos Santos e Ricardo Teperman pela qualificada e atenta leitura do texto.

E sou grata à história de três décadas de existência do Ceert, que forjou muito daquilo que sou e possibilitou sólidas parcerias com organizações da sociedade civil no campo dos direitos humanos e do meio ambiente, e, em particular, com incontáveis organizações negras, ativistas, parceiros, amigos e amigas.

Sou grata também à minha extensa família. Quando reunidos somos quase cinquenta pessoas: sete irmãos e uma irmã, sobrinhos e sobrinhas, seus parceiros e parceiras, meu filho, nora e meu netinho Caetano Akins — todos são a base segura onde encontro afeto e apoio quando a vida se torna mais desafiadora. Gratidão!

SOBRE A AUTORA

Maria Aparecida da Silva Bento, ou Cida Bento, nasceu na Casa Verde, bairro da Zona Norte de São Paulo. Filha de João e Ruth, um motorista e uma servente, foi a primeira pessoa da família a concluir o ensino superior e a fazer mestrado e doutorado. Cursou o magistério e, por cinco anos, trabalhou como professora em uma escola de emergência — provavelmente por essa razão, o trabalho com equidade racial na educação básica centralizou boa parte de seu tempo e energia nos últimos vinte anos. Formou-se em psicologia e passou a se dedicar à área de Recursos Humanos. Foi recrutadora, chefe de seleção e executiva de RH, construindo uma carreira como especialista em processo de seleção.

Ao lado de Ivair Augusto dos Santos e Hédio Silva Júnior, fundou, em 1990, o Centro de Estudos das Relações de Trabalho e Desigualdades (Ceert), do qual é conselheira. Em 2002, defendeu a tese de doutorado intitulada *Pactos narcísicos no racismo: branquitude e poder nas organizações empresariais e no poder públi-co*, em que investiga a diferença de tratamento entre candidatos brancos e negros no mercado de trabalho e seus desdobramentos sociais.

Foi professora visitante na Universidade do Texas, em Austin, nos Estados Unidos, e em 2015 foi elei-ta pela revista britânica *The Economist* uma das cin-quenta pessoas mais influentes do mundo no campo da diversidade.

O pacto da branquitude é seu primeiro livro pela Companhia das Letras.

1ª EDIÇÃO [2022] 12 reimpressões

ESTA OBRA FOI COMPOSTA PELA SPRESS EM ELECTRA E
IMPRESSA EM OFSETE PELA LIS GRÁFICA SOBRE PAPEL PÓLEN BOLD
DA SUZANO S.A. PARA A EDITORA SCHWARCZ EM MAIO DE 2024

A marca FSC® é a garantia de que a madeira utilizada na fabricação do papel deste livro provém de florestas que foram gerenciadas de maneira ambientalmente correta, socialmente justa e economicamente viável, além de outras fontes de origem controlada.